岸見一郎

不安的哲學

不安の哲学

前言

無法預測的未來是很嚴重的問題嗎？

人生充滿著不確定性，如果能知道往後即將發生什麼，也就不會陷入不安了。但是，明天的事情沒有人能夠知道，明天會一如往常地到來，但屆時自己或許已經不復存在。

說穿了，在我們活著的此時，就算突然發生重大的災害或事故，也無法提早一天開始擔心。核災發生的時候，許多人或許連發生什麼事都還不知道就開始拚命逃生，至今仍在持續流離失所。

就算沒有遇到自然災害或是核災事故，不少人也有自己或家人突然生病，感覺無法看見未來的經驗。能夠想像從今以後會有什麼樣人生的人，只不過是沒有經歷過意外狀況而已。

然而，人生不正是因為無法看透，才讓人產生想活下去的渴望嗎？工作或讀書如果能提早知道結果，不管如何努力，最終結果都已經確定的話，誰還想要努力？同樣的，無法預測未來會發生什麼的人生，才更具有活下去的價值。

確實也有即便看不透，反而覺得人生將從此一成不變，為此感到絕望的人。會這樣思考的人，恐怕過往的人生都活在一帆風順之中，一次也不曾遇過挫折吧。但實際上，不能保證這樣的人生能一直持續下去。

不過有一件事可以確定，那就是：人終將一死。因此，應該沒有人知道死期將至，卻絲毫不會感到不安，雖然知道人都會死，但只要想到死是何種概念？又何時會到來？還是會令人感到不安的。

不發生變化就能看穿未來嗎？

能藉著預測未來得到安全感的人，往往恐懼變化，只要一切都在意料之中，就不會陷入不安，可一旦預見改變現狀的小小可能性，就會產生不安。提倡個人心理學的奧地利精神科醫生阿爾弗雷德．阿德勒是這樣說的：「在計畫做某些事的時候，最先產生的情感是不安。不管是離家、與同伴分別、就職或是墜入愛河的時候都是。」（《性格心理學》）

「計畫些什麼」的時候感到不安，也代表著明明什麼都還沒開始做，卻會感覺不安。

而一直擁有自信做任何事都能順利的人，當然就不會感到不安了，不過這樣的人並不多。

只要踏出第一步，就無法預知之後會發生什麼事，因此有人會為了逃避外出的不安而選擇躲在家裡不出門，到了非出門不可的時候，也一定要拉人陪伴。因為只要身邊有人，那麼就算放空也能順利到達目的地。但總有必須一個人出門的時候，最終還是得靠自己查出正確的路線。

即使不迷路，路上也可能碰到意外，如果碰到電車停駛，就必須要用預定外的方法到達目的地。無法適應這種事情的人，會因為無法自己處理突發狀況，寧可打消獨自出門的念頭。

還有，工作的時候應該沒有人能夠避免不安。工作本身固然重要，但更重要的是職場上的人際關係，許多工作不可能獨自完成，一起工作的同事不一定都是好說話的人。

若能將職場上的人際關係限縮在工作上，就不會這麼困難了，將同事當成朋友並不是一種義務，假如是難相處的人，只要維持工作上最低限度的關係，離開崗位後就不用再為他的事情感到煩惱。

工作外的人際關係就很麻煩了，我們面對初次見面的對象時，都會擔心讓人留下不好的印象。就算對象是親近的人，也會有類似的煩惱，甚至正因為與對方很親近，反而更加令人不安。

阿德勒說他談戀愛時是很不安的，因為愛情比起友情更是一道難題，戀愛關係與其他交際關係的不同處在於：心理上的距離更近；相處的時間也更長，墜入愛河並不是兩人的最終目標。雖然有人覺得結婚是戀愛的目的地，但婚後生活不會事事盡如己意，隨時有可能會大吵一架就此分手。

兩人的關係從結合開始，就不可能像最初一樣一成不變，曾經因為相處不順利而分手的人，就會對下次的對象是不是也會出現同樣的問題感到不安。

親子關係在深度及持續性上，又比其他人際關係更難以處理，無法因為關係不好就斷絕關係。就算現在父母還很健康，總有一天還是會陷入需要照顧的狀況，許多人也會為此感到不安。除此之外，隨著年齡增加，相處的時間拉長，也不能保證關係不會生變。

老、病、死都會讓人不安。一邊努力減緩老化，一邊為了避免生病而注重養生的人很多，但不老不病的人是不存在的，當然也沒有不會死的人。

此外，眼下流行的新型冠狀病毒也讓生活蒙上陰影，我們的生活形態不得不產生改變，以後究竟會變得如何？光想像就不由得感到不安，這也是對未來產生的一種不安。染病的人就算知道自己生了什麼病，也是實際碰到才會感受有哪些症狀，當然也有很多病例是在知道病徵之後，才找到正確的治療方法。

新冠肺炎做為未知的病毒，我們至今無法完全明白它的一切，就算是專家也沒辦法盡窺全貌，正因為沒有人知道還會產生什麼變化，不安就隨之而生。

無法控制情況的時候

遇到無法控制的情況，人都會感到不安，就好像我們雖然知道總有一天會死，卻無法掌控或推遲死亡來臨的時間。

常有人覺得自己開車比搭飛機更加安全，但事實上，每年車禍的死傷人數遠高出飛機許多，只不過，開車會讓人感覺情況掌握在自己手中罷了。

有些害怕死亡的人，會在重病時選擇自己結束生命，目的是想控制自己的死亡。這不禁讓人覺得，有必要怕死怕成這個樣子嗎？但面臨死亡的人，行動往往是不能用常理來推斷的。

病痛纏身的人，感受到的只有痛苦，自己無法控制的痛苦是很可怕的，即便沒有多想，在那之前從未在意自己身體的人，也會發覺自己對身體掌握度竟然如此之低。年輕時活力充沛，不論工作多麼辛苦，休息一晚就能回到狀態；上了年紀之後，一旦逞強，休息多久都難以恢復。

他人也是我們無法控制的，沒有人會為了滿足自己的期待而生，直到學到教訓前，還是有些人堅信自己可以操控其他人。特別是父母，往往希望子女照著自己安排的人生來走，孩子因為無法反抗父母的權威只能服從，卻會質疑自己的人生為什麼要讓父母決定，進而產生反抗的心。

知道自己無法滿足他人期待的人，應該也會明白他人是無法控制的；而渴望回應他人期待的人，會覺得其他人也應該要跟自己一樣，像這樣的人，會忽略每個人的差異，自以為很了解其他的人。

以親子關係來說，父母自以為最了解小孩的時候，卻是小孩最容易開始反抗的時候。當你覺得可以理解其他人的時候，先假設自己其實並不理解會比較好，如果堅持自我並自以為是，最後會連跟人往來都做不到。我們必須以不了解為前提，來思考如何與人建立關係，父母如果自認了解孩子、想控制孩子的話，孩子就會意識到自己是沒有獨立意志的存在，進而對父母產生不安。

就算看不見未來

就算前方的道路一片漆黑，所有變化都遠離自己的期望，也不代表一定會發生壞事，只不過是不知道前方會發生什麼事而已，許多事情是無法靠自己的雙手來控制的。

大多數的事情都不是人力所能控制的，但不代表我們可以這樣放任不管，沒有做到盡人事聽天命，就無法抱持樂觀的態度去作預測，更遑論消除不安了，或許你的內心不認為會發生恐怖的事，但細思極恐，還是會不自覺地害怕到閉上眼睛，而這份恐懼，就算閉上眼睛也不會消失。

就算因為無法看透未來而陷入不安，我們也只能以「人生本來就充滿未知」為前提努力活下去。

不過，也不是人人都一定會產生不安，也有些人勇於面對未知，甚至因為不知道接下來的變化而感到更加興奮。

致不安的你

哲學家艾倫・狄波頓[1]對於「不安是什麼」這個問題，作出了這樣的回答：「不安是對於無法控制的事情拚了命地想去控制、駕馭的心理狀態。但想控制現實的任何嘗試都注定是要失敗的。」（〈絞刑台的希望〉《嶄新的世界》）

雖然未知與失控都是實際存在的，不過用一句「無法控制」就想簡單帶過的話，這個話題就談不下去了。死亡雖然是種未知，但不可能知道人都會死，所以大家都能坦然接受吧？狄波頓還說過：「我們都該了解，想控制不安是不可能的。」（〈絞刑台的希望〉《嶄新的世界》）但我有些不同的看法。

狄波頓做為古羅馬斯多葛學派[2]的哲學家之一，認為人為了追求安穩的生活，因而講求「隨遇而安」，但這是一種不負責任的行為。我也贊同這樣的說法，人真的不能抱持這種天真的想法。

但接下來他說的話，我就不能苟同了。

「給心靈帶來平安的唯一方法，就是設想最壞的劇本，如此一來，不管發生什麼事情都無所謂，因為已經有了心理準備，並做了最壞的打算。」（〈絞刑台的希望〉《嶄新的世界》）

如此沒有根據的消極態度我無法認同。我主張的是在面對現狀時，必須抱持更加積極的態度。

本書的宗旨就是考察不安的本質與真相，並探討如何面對不安，尋求克服不安與擺脫不安的方法，最終在充滿不確定性的現代生活中，找到自

1. Alain de Botton（一九六九年～），出生於瑞士蘇黎世，畢業於劍橋大學歷史系，獲倫敦大學哲學碩士，居住在英國的作家。
2. 斯多葛又譯斯多噶或斯多亞，古希臘和羅馬帝國思想流派，哲學家芝諾於西元前三世紀早期創立以倫理學為重心，秉持泛神物質一元論，強調神、自然與人為一體。

我的安身立命之道。

曾有人在書中寫道：「半夜醒來時聽見自己的心跳聲，是否會思考自己的生命也許下一刻就會消逝呢？」（阿德勒《人生意義心理學》）

看到編輯在校正稿寫下「我沒有（這種經驗）」的時候，我驚訝不已！這個世界上竟然有人與我不同，並非人人都活在不安之中。夜深人靜的時候，我不光是對自己的身體，也對現代社會上隨時可能發生的事件深感不安。本書就是為了同樣因為不安而失眠的人寫的，希望這本書的出現，能為你們的心理帶來些許的平靜。

岸見一郎

二〇二一年五月

目錄

前言

第一章　不安的真面目

第六章　衰老的不安

第七章　死亡的不安

第八章　為了擺脫不安該怎麼做？

第一章

不安的真面目

不安的對象是「無」

丹麥的哲學家齊克果[3]曾說過，不安的對象是「無」（《不安的概念》）。簡單來說就是，「明明沒有發生什麼事，卻依然感到不安」，並不是真的發生了什麼讓人擔心的狀況，而是什麼都沒發生，這樣反而會產生不安。

相對於此，「恐懼」的對象都非常具體，例如當惡犬靠近或大地搖晃不已時，當下產生的感覺就是恐懼，而非不安。

恐懼會隨著地震緩和下來而逐漸停止，但沒有地震時，擔心地震到來的情緒就是不安。與地震到來時產生的恐懼不同，擔心地震發生的心情則是不安，如果最近才經歷過大地震，對這種恐懼還記憶猶新的話，不安的感覺也可能會被放大。

若問恐懼與不安何者比較麻煩，答案肯定是抽象的不安，這樣的不安原本就是不必要的情感，卻在我們的內心深處苦苦糾纏。

不安雖然是一種內心的主觀感受，但也不是說只要好好控制自己的心情，就能夠輕鬆消除。

當今之世有許多毫無道理可言的事會發生，如果沒有這樣的情況，相信我們也不會有不安的情緒產生。面對不合理的事情，就算我們閉上眼睛，視而不見，不安也不能因此就會消除。但若一味沉溺在不安的情緒裡，問題也是無法解決，我們只能認真思考該如何應對。

不安有所目的

阿德勒在面對不安時，選擇的切入點並非不安的「原因」，而是不安

3. Søren Aabye Kierkegaard（一八一三～一八五五），丹麥神學家、哲學家及作家。

的「目的」。他認為，不安是人們為了逃避工作或人際關係這些「人生」必須面對的「課題」時，所產生的情緒。

先前提到齊克果關於不安與恐懼的區別時，我們明白了不安是抽象的，雖然人們對於不安的原因可能都有答案，但這與具象的恐懼不同，因此在同一件事情上能聽到關於不安的各種答案。

如果不能正確判斷不安的來源，就無法透過因果關係來推斷曾經歷過或發生了什麼事情。如果不安的感受太過強烈，連生活都會受到影響。即使沒有發生疾病或災害，也有人會為了躲避人際關係而感到不安，這正是不安的目的。

阿德勒接著表示：

「人一旦開始逃避人生的課題，很容易就會隨著不安感的增加，讓不安慢慢成為一種明確的人格特質。」（《性格心理學》）

人生的課題不存在絕對成功的方法，工作與學習必然會產生一個結果，這個結果會受到他人的評價，因此會有人因為不願得到不滿意的評價，而選擇放棄這些課題，想說反正只要不去做就不會遭人耳語。但反過來看，所謂的評價，其實是針對事情的結果而不是個人，為了這種原因而選擇逃避，是將「不盡理想的成果」與「被貶損的自我價值」這兩件事混為一談了。

當你還沒嘗試就認為自己做不到，之後就會接二連三地選擇逃跑，從這一刻起，不安就會順理成章，成為你逃避人生困境的藉口，所謂「把不安變成人格特質」就是指這種狀況。

人際關係也是同樣艱難的課題，為什麼呢？因為只要相處就一定會產生摩擦，只要扯上人，就一定會有背叛、憎恨、傷害等經驗發生，就算自己不想傷害別人，也可能不小心激怒對方。一旦與人有了交往，就會被捲入麻煩之中，因為厭惡這種狀況而拒絕交際也就不奇怪了。

阿德勒說：「所有的煩惱都是源自於人際關係。」心理諮商的主題也都圍繞在人際關係上。

若想迴避人際關係，上述這些理由也就必然成立。當然，也可以不找任何理由就選擇逃避，只不過有個理由的話，比較能讓自己跟周圍的人接受罷了。

就好比小孩子不想上課，想賴在家裡休息，但父母及老師不接受無緣無故的蹺課，勢必得給出一個交代，所以小孩子就會開始思考如何找藉口。

於是小孩子會對父母說「我肚子痛」、「頭痛」……父母雖然會懷疑是不是真的有這些症狀，不過頭痛及肚子痛並非真的生病，大多只是單純的疼痛。

如果真的很痛的話，父母就不能說：「才這點程度的頭痛，不准請假。」但小孩子就是抓準這點，才會在父母質問前說出：「因為頭痛，所以今天沒辦法上學。」

但同時他也是在對自己說：「我真的想去學校，只是因為頭痛才沒辦法上學。」只要抱持這種想法就不會感覺心虛了。

這樣一來，即使父母希望孩子去上學，也不得不向學校請假，老師肯定會問理由，若是沒有理由父母也會很為難，但有肚子痛或頭痛當擋箭牌，就能讓老師接受了。就算好天氣也能在家休息，小孩子的症狀也能悄悄地不藥而癒。

阿德勒說：「因為Ａ這個原因（就算跟Ａ完全沒關係），所以做不到Ｂ。」有「自卑感」的人，喜歡把生活中各種事情都加以套用，將所有的錯都推給Ａ，告訴自己誰來做都一樣無能為力。

若是把不安當成Ａ，做為理由來逃避人生的課題，就可能很難得到別人的理解。就好比孩子如果說：「因為不安，所以不想去學校。」那父母可能根本搞不懂他在說什麼。

從根本上來說，不安是一種面對未來的情感，阿德勒不認為人在有過工作經驗，或面對過人際關係等「人生課題」之後，會因為害怕再次經歷同樣的困難，而陷入不安，人生的各種考驗不會成為不安的原因。

我想再次引用先前提到，阿德勒關於不安的想法：

「人一旦開始逃避人生的課題，很容易就會隨著不安感的增加，讓不安慢慢成為一種明確的人格特質。」

人之所以會想「逃避人生的課題」，是因為這些課題艱難無比，一心想要逃避的人，會藉著不安來「強化」自己的決心。這也就是說，即使沒有這份不安他也會選擇逃避，說自己因為不安而逃避的人，只不過是為了將自己的行為正當化，所以他們其實是先決定了要逃避，才把不安當成藉口的。

雖然工作與人際關係的確是人生必須面對的「困難」，但這是逃不掉的，所有人都必定會面臨這些課題。只有在人際關係上遭受過挫折的人，才會因為害怕再度跌倒，把「不安」找來當作拒絕面對人際關係的理由。

從人生課題逃離的心靈創傷

當嚴重的自然災害、事故、事件發生時，會成為人們逃避人際關係等人生課題的理由，人的內心會因為遭遇這些事情而受傷，這種心靈創傷（Trauma）會引發強烈的抑鬱、不安、失眠、惡夢、恐怖、無力感、戰慄等症狀。

災害與事故難免會對人的身心造成嚴重影響，如果當中又發生了違反內心意志的事情，還會引發心病，例如災後被迫長期生活在避難所這樣的狀況。

阿德勒曾做為軍醫參加第一次世界大戰，治療那些因為互相殘殺而罹患戰爭精神疾病的士兵們。

「不管你曾經歷了什麼，那都不會是成功或者失敗的原因，我們不該因為自己的經歷而受到打擊——也不該因為心靈創傷而受苦，我們只需要從經驗中尋求達成目的的方法。如果不將每一次的經驗當作你判斷的參考，只用特定的經驗來定義自己的人生，這時恐怕你就已經走上了歪路。自己的意義不該由發生的事情來決定，而是該由我們親手來定義發生的事情。」（《人生意義心理學》）

阿德勒並不否認在戰場上是會受到心靈創傷的，因為他一直在為罹患心病的士兵治療，但他認為，不論經歷了多麼痛苦的事情，都不能把心靈創傷當作逃避人生課題的藉口。阿德勒是衷心想要幫助那些經歷過苦難的人，重拾「活下去的勇氣」。

根據阿德勒的人類觀我們可以知道，並不是所有人在遭遇特定的狀況時，都會受到一樣的影響，人並不是意義上的反應者（Reactor），而是行為者（Actor）。

精神科醫師莉迪雅．西克（Lydia Sicher）是這樣說的：「即使行為發生問題，也不是因為被刺激而產生反應（React），而是為了讓自己得到進化，找到在社會上的定位行動（Act）。」（《莉迪雅・西克文集》）

遭遇事故或災害後陷入不安，並以此做為理由逃避人生課題的人，是因為本來就具有這樣的特質。就像不想工作的人會找盡理由來正當化自己的怠惰，阿德勒舉出了以下例子：

被主人帶出門訓練的狗，出了車禍以後幸運活了下來，之後主人再次帶牠出門散步，到了「事故地點」牠就會畏縮不前，變得不願意再靠近這個地方。（《追尋生存的意義》）

人類也是一樣，在遭遇重大災害或事故之後，會變得無法工作，就像狗會在事故地點陷入不安一般，有些人會開始心跳加速或是頭痛，甚至光是靠近事故現場附近都會出現症狀，最後連一步都無法踏出去。

會對事故現場產生不安也是有「目的」的。像阿德勒舉例的狗，是為了不要再靠近事故現場，才表現出牠的不安。

最後我們就「逃離人生課題」再作一點補充。阿德勒並不是將所有逃離人生課題的行為都視為必須解決的問題，因為確實有無法承受而必須逃離的時候，例如戰後創傷壓力症候群若視為一種精神疾病，就很難去批評患病者想從戰場逃離的這種想法。

無法下定決心的不安

雖然阿德勒將不安與恐懼當作同義詞，但就如同先前提到的，我們可以用對象的有無來區分兩者。

因為現在已經很少看到流浪狗或是放養的狗了，所以你不一定有這種經驗，但如果看到大狗朝自己靠近還是會想逃跑，就像面對地震時的恐懼一樣。

但是，不論是哪種狀況，狗與地震本身都不是恐懼的根源，因為不是所有人看到大狗都會逃走，地震時如果害怕地縮成一團反而就跑不掉了。人為了逃離大狗，才會產生恐懼，然後支撐自己下定決心；逃不掉的時候，也能用恐懼來解釋為什麼逃不掉。恐懼與行動因為沒有明確的時間軸，才會讓人誤會恐懼是行動的原因，實際上是先有了決心，進而產生恐懼來做為動力。

相對於此，不安就沒有具體的對象，但不安還是能夠造成影響，與恐懼的人不同，不安的人不會馬上採取行動，用阿德勒的話來說就是「猶豫」，而所謂猶豫的人就是：

「不會害怕到發抖，卻馬上轉身逃離，但是他（或她）會逐漸放慢腳步，開始找尋一個又一個的藉口。」（《性格心理學》）

必須下定決心的時候，因為害怕發生問題，開始為各種想像陷入不安。

發現目前的工作不適合自己，又跟同事相處不好的人，通常非常容易因為辛苦而想要跳槽。但因為也無法保證下一份工作會更好，開始覺得，新職場的人際關係說不定也像現在一樣令人心煩，跳槽的決心就被這些想法動搖了。

許多人會來問我該怎麼辦，但在聽了我的建議後卻說：「是，我了解，可是……」若用前面的例子來說明，「可是」這個詞句，並非讓「跳槽」的決定產生拉鋸的原因，而是你打從一開始就「不想跳槽」。也就是說，「可是」不是用來推翻自己想做的決心，而是正當化「不想做」的決心，不安就是為了強化不想做的理由而存在的。

因為不知道會發生什麼事，所以感到不安。但你的猶豫並非來自不安，而是不想去做。如果沒有不安當擋箭牌，你就必須做決定了；但如果還在猶豫，就可以拖延不動。因為一旦擺脫迷惘，就不得不做出決斷，為了拖延時間，只要現在一直不安下去就好。因此，不安就是不想去做的情感。

要繼續留在現在的職場？還是跳槽？這是當下所要面對的人生課題，當你在面對這個課題時開始放慢腳步，最後停了下來，此時產生的不安，就是為了不想做出決定，或至少是不想馬上做出決定。

如何才能解決猶豫，或是不想做決定的不安呢？答案很簡單：果斷一點。

逃避課題的不安

對於一心逃避課題，不知如何面對死亡與過去的人，阿德勒表示：

「這是一個有趣的現象，就像是要驗證某種理論一樣，這些人常常喜歡思考過去與死亡，過去與死亡在這裡扮演的角色其實是相同的。一旦開始思考過去，就能不被察覺地開始『壓抑自我』。因此，思考過去就成了

一種說服自我的手段。」（《性格心理學》）

不安本來是種關乎未來的情感，在這裡阿德勒卻將它與「過去」做了連結。

人會對自己曾經做過的事情感到後悔，但如果事情是源於自己曾經種下的因，就會引發不安。

有時候，人的不安是因為害怕可能再次經歷痛苦的過去，一想起過去，就會覺得沒必要再承受一次相同的心靈創傷，也不想因重蹈覆轍而變得不安，所以就開始猶豫著是否該去做一些不同的事情。

此外，在回顧過去的同時，若發現自己曾經的作為可能讓未來的人生蒙上陰影，也會讓人感到不安。

但過去也可能是美好，而不是痛苦的。例如阿德勒對家中的長子／長女有過這樣的發言：

「長子／長女通常喜歡用某種形式來回憶或談論過去，借此表現對於

過去的在意。」（《人生意義心理學》）

只不過，這個過去指的是弟弟妹妹還沒出生的時候，因為在弟弟妹妹出生之前，自己就是獨享父母所有關愛、備受注目的王子或公主。

另一方面，對長子／長女來說，面對未來也常常是悲觀的。

「（長子／長女是）過去的崇拜者，面對未來多感到悲觀。」（《人生意義心理學》）

因為次子／次女的出生，長子／長女跌落王座，不再擁有過去的榮景，因為原本專屬自己的關愛、來自父母的注目全部都被奪走了。

長子／長女在成為大人之後，也會因為這份經驗而陷入不安，尤其在有了地位之後，更容易開始自我懷疑：「別人是否覬覦我的地位？想把我從王座上趕下來，所以才會刻意接近我呢？」（《人生意義心理學》）

不想再次從王座上跌落的不安，讓他們開始擔心競爭對手的出現。雖然不是每個長子／長女都會害怕對手出現、一味崇拜過去；但對於害怕競爭者出現的人來說，不管是兒童時期，還是長大之後，都會出現相似的反應。

這種人即使有了喜歡的人，在戀愛關係中也不見得會積極投入，因為兒時的經驗會讓他擔心情敵的出現，因而裹足不前，然後想方設法證明自己其實一開始就沒那麼喜歡對方，再以此預設這段戀情究竟是幸或不幸，如此一來，對方真實的心意就變得無關緊要，因為他們會自己選擇主動離開，並陷入「我永遠沒人愛」的想法裡。

「害怕死亡與疾病，這對習慣因求職不順而尋找藉口的人來說並不罕見。」（《性格心理學》）

有些人工作的目的，只是為了可以活下去，這些人如果不工作就能生活下去，就會索性選擇不工作。世上有許多認真辛苦工作的人；也有不擅長人際關係，或擔心工作成果不盡理想、害怕被批評而不工作的人；或者做事一點都不積極，卻推託只要拿出真本事，工作成果就會更好的人……

當然，這種只要出一張嘴的工作，我相信任何人都可以辦得到。

關於這種情況，阿德勒就以疾病與死亡為例。死亡與疾病會帶給人不安，對因為不安而找不到工作的人來說，就算不以死亡與疾病為理由，他們也能找到其他的藉口。如同前述，不安並非無法工作的理由，而是逃避工作的藉口。

比起痛苦，有的人寧可選擇死亡，或是茫然地過活，因為完成人生的課題是很困難的事，害怕失敗會使自己的尊嚴與形象盡失，只要面對課題，就有可能產生無法達成期待的結果，因為害怕面對這種結局，所以才選擇逃跑。

這樣的人並非期待死亡，而是放棄面對自我的課題。阿德勒將這種逃避人生課題的藉口，稱為「人生的謊言」（《阿德勒心理學講義》）。在這種情況下，說自己害怕死亡與疾病，其實也只是為了逃避「人生的課題」而已。

也有人會因為過去的經歷，開始擔心將來會不會產生後遺症。在大阪池田的兒童殺人事件[4]過後，某位精神科醫生在電視採訪中表示：「經歷這次事件的孩童，就算現在看起來沒什麼異樣，未來也一定會在人生的某個階段，有什麼問題發生。」

而等到未來真的發生了什麼問題時，聽過這個說法的人，就會認定這都是因為小學時發生的事件所導致的結果。但過去的經驗與現在發生的問題，並不具備必然的因果關係，如果硬要套用到現在發生的問題上，例如，從過往的親子關係來推測現在與工作夥伴交惡的原因，就會覺得責任不在自己身上，以為都是過去造成的影響，因此不肯努力改善自身的人際關係。

「可以說，他們只看見人生的空虛與短暫，或是說，他們只看到未來的無法預知。」（《阿德勒心理學講義》）

死亡之後，一切都將歸零。若想努力達成某些成就，又感覺人生太過短暫，於是，死亡與人生苦短就被當成了逃避人生課題的理由。但也正是因為人生苦短，所以才需要把握現在，等死亡的時刻到來再去煩惱就好，畢竟就算死了，也未必代表你的人生就徒勞無功。

無論如何，人都不可能預知未來，就算之前看過類似的經歷，也無法掌握未來的變化；若此時就能知道將來所有發生的事情，那活著也就失去了意義，對於追求未知的人來說，他們會在知道未來的那一刻起，就失去活下去的動力。

為了支配他人的不安

不安有時也會被用來支配他人，這種不安是有「對象」的，不單只是

4. 二〇〇一年六月八日發生在日本大阪池田小學的無差別殺人事件，犯人宅間守（犯案後結婚從妻姓，改姓吉岡）因殺死八位一年級和二年級學生，以及刺傷十三名學生和二位教師，被判死刑，並已在二〇〇四年九月十四日執行。

內心發生的情感，而是為了要展現給某個人看。例如半夜突然醒來的嬰兒，發現父母不在身邊就開始嚎啕大哭，父母親會覺得，幼兒是因為沒人陪伴而感到不安，但仔細一想，就知道其實並不是這樣。

原因很簡單，當電燈打開的時候，哭泣並沒有停止，嬰兒的哭泣是為了支配父母，讓父母照顧自己，這才是孩子不安的目的，所以父母就成了孩子不安的「對象」。

這種現象不只發生在小孩身上，成人也會發生。這就是為什麼不能放任那些傾訴自己不安的人於不顧，特別是那些把「想死」掛在嘴邊的人。將他人當成「榨取對象」，阿德勒對這種人是這樣形容的：自私又從不幫助他人，卻利用善良人士想要幫助痛苦或悲傷者的心理，理所當然地接受援助，將他們當成榨取對象，並奪走他們的貢獻。

「一個常見的問題是，總有人想要利用他人，做為自己人生的墊腳石。被利用的人一心只想幫助陷入不安的人，卻不知道真相其實是：這份

不安不過是一種用來建立支配關係的嘗試。」（《性格心理學》）

阿德勒認為，傾訴不安、尋求幫助的人與提供幫助的人之間，存在著一種支配關係，而掌握支配權的是尋求幫助的那一方。

不過，不安雖然可以吸引別人前來幫助自己，但如果自己絲毫不肯努力，這些助力最終也是會離開的。

在兒童時期，每個人都需要父母持續的幫助，縱然不是夜半驚醒，有些孩子也會時時刻刻感到不安，但如果能夠依靠自己的力量逐一克服，最終就會發現，就算離開父母的庇護，自己也能獨當一面。

但在成長的過程中，還是有些孩子無法自立，這與父母的對應就有很大的關係。孩子本來就應該自力更生，但父母卻代替孩子承擔了他們應該自己解決的問題，才會導致這樣的結果。

「孩子努力擺脫舒適圈的過程中，可能會培養出悲苦、失敗的人生觀，在這種情況下，依賴旁人幫助與照顧的性格就會開始萌芽。」（同上

述作品）

「我無論做什麼事都不順利、都會失敗」，為了不要陷入這種悲劇的人生觀，人都需要適時的援助，但要怎麼做才能避免養成依賴的習慣，這是我至今仍不斷在思考的問題。

形而上的不安

哲學家三木清[5]將憂鬱、低落、焦躁等日常的心理狀態做出了區別，並將它們稱為「形而上的不安」（〈舍斯托夫的焦慮〉《三木清全集》第十一卷）。

要是沒有特別的事件出現，多數人對自己的人生大多不會抱持疑問，總覺得「明天哪會有什麼問題發生？」，甚至連同未來數十年的人生都設想好了。一聽到「人生百年時代」就開始擔心老年生活的人，總想著要盡可能延長壽命，但實際上根本無法確定自己的老年生活會有多長。剛滿五十歲的人常說，這是人生的中間點，我聽到時非常驚訝，怎麼會有人天真地認為，自己一定還有五十年可活呢？

因為沒有生過大病，我也隱約覺得自己應該能夠長壽，但或許，我的生命早就已經過了中間點也說不定。

然而，這種毫無根據就認定自己會長壽的人，若是某天因為發高燒而臥病不起，或是經歷劇烈的地震，就會立刻陷入不安。還有，想必也沒有人能夠料到，至今為止理所當然的生活，竟然因為新冠肺炎而一去不復返吧。

就算生活一帆風順的人也料想不到，自己也有可能隨時會確診。如此一來，就無法確定自己是否跨過了人生的中間點。當然也有不管發生什麼事情，都覺得事不關己的人，但這樣的人是不會成為本書讀者的。

5. みききよし（一八九七～一九四五），日本哲學家。

法國哲學家帕斯卡對此形容：

「想要摧毀人類，根本不需要集結全宇宙的武器，只要用蒸氣和一滴水就夠了。」（《思想錄》）

震撼全世界的新冠病毒雖然無法用肉眼看見，卻無處不在，甚至改變了全人類的生活形態，病毒並沒有攻擊人類的意圖，卻會入侵人體，並開始繁殖。

「與病毒戰鬥」這句話的建立，必須是以這場戰爭能夠「勝利」為前提，但如果病毒並非敵人，那就無法構成戰爭，畢竟宇宙不是為了擊潰人類，才去武裝病毒、發起挑戰的。

但就算病毒沒有挑戰人類的意圖，仍會讓人產生不知何時會感染的不安，一旦確診，套句三木的話來說：「我們能安穩立足的大地突然崩裂，有如深淵在面前展開。」（〈舍斯托夫的焦慮〉）

不光是傳染病，任何疾病都可能會發生這種狀況，在發生災害及意外事故的時候，儘管並非當事人，也會想像自己遭遇意外的可能，因而產生不安。

這種時候，得知自己所認知的現實隨時有可能被顛覆，本以為至今為止平穩的人生會一直持續下去，順理成章地長命百歲，實際上卻未必如此。當人察覺到這個真相之後，前方看不見的黑暗就帶來不安，體認到人生是建立在「無」之上。三木稱這個「無」為「黑闇」或是「虛無」。

即使沒有遇到災害、事故、生病等經驗，只要是人類，都會不由自主地產生這種不安，三木認為我們是存在自然之中的「中間人」（《思想錄》），用帕斯卡的話來說就是：「與無限相比是虛無，與虛無相比是整體，介於無與全之間的中間人。」（《帕斯卡的人類研究》）

在無限大的宇宙之中，人類渺小得有如無法感知的虛無一般，但從虛無的微觀世界來看，人類的軀體又是一個巨大而完整的整體。

三木所說的形而上的不安，就是了解人生的現實，反過來說，如果對人生不知不覺的話，也就沒有這種不安了。了解現實是一件可怕的事，但我們只能以這個現實做為出發點，來思考該如何找到生存之道。

從現實中轉移的慰戲

自認能夠掌握未來的人，可能在過往的人生中從未遭遇挫折，他們或許不會堅持自己絕對不會碰到「如臨深淵」的時候，但仍不願正視人其實不是站在穩固的大地，而是立足於虛無之上的現實。

一無所有的人不害怕失去，但如果是人生沒有挫折、至今不斷獲得成功的人，肯定會比其他人更害怕失去一切。

因此，為了轉移視線，讓自己能隨時忘記不安，可以使用被帕斯卡稱為「慰戲（divertissement）」的手段麻痺自己，慰戲是為了將目光從現實中移開（divertir）的手段，三木如此形容。

「所有的慰戲都是基於共同的理由，就是讓我們從眼前的悲慘狀態中轉移（divertir）目光，尋找其他活下去的動力。」（《帕斯卡的人類研究》）

慰戲（divertissement）可以翻譯成「消遣」或「娛樂」，三木認為應該要消除娛樂與生活的區別。

「在生活中只能感受到痛苦的人，會去追求生活中其他的娛樂事物，做為痛苦的替代。」（《人生論筆記》）

三木說：「必須享受生活。」（《人生論筆記》）如果目前的生活還能找到樂趣，就沒有必要再去尋求其他能跳脫生活的娛樂了，只要還有娛樂，就算不將眼光從不安上移開，你也能享受人生。

話雖如此，即使沒有遇上災害與疾病，只要未來的人生還充滿未知，就一定會伴隨著不安，懷抱著不安就不能享受生活。如何面對不安，是你享受人生時不得不思考的課題。

第二章

流行病的不安

流行病帶來什麼問題？

眼下席捲世界的新冠病毒造成了巨大的不安，在這樣的環境中，思考如何找到活下去的希望成為了一個新的課題。

雖然我使用了流行病（pandemic）這個說法，但在這裡指的是像新冠肺炎一樣，盛行於世界各地的疾病，語源是古希臘文的pandemos，意思是「所有的人們」。

這並不只是發生在某個國家的災難，而是所有人共同面臨的問題，只要有一個國家的處理失當，就會擴散到全世界，所以每個人都面臨了因局勢變化莫測所產生的不安。

也有人對新冠肺炎抱持樂觀的態度，只要接種疫苗就能立刻消除不安，但疫苗的供應能否跟上需求還是個問題，雖說現代醫療技術遲早會跟上病毒的變化，但這個目標若不能在短期內達成，就也不能說「很快就會沒事了」。

過分樂觀的人總會對發生在他人身上的事情視而不見，也不認為自己會感染，即使有感染的風險，也絲毫不希望讓經濟受到影響。當然，就政府的角度而言，人民的生計是推行政策的首要之事，若將生命與經濟放在同一個天秤上，毫無疑問，優先考量的都會是經濟。

但是經濟運轉只能帶給一部分人利益，並不是所有事情都要冒著風險來完成，尤其是不惜以他人的感染與死亡為代價，這種想法相當危險，沒有人生來就是要為了他人而犧牲的。

普通人即使現在保持健康的狀態，但看到每天確診人數不斷增加的新聞，都會開始思考：「什麼時候會輪到自己？」說不定早就已經在不知不覺間感染，甚至變成重症，導致死亡。如今所有人都成為隨時可能發病的潛在患者，即便自信不會染疫的人，也可能因為家人或同事確診而感到不安。

不論是誰都有生病的時候，也可能碰到任何疾病，就算是年輕或是健康的人也不例外。熱中工作的人如果發病，就無法正常工作，還必須等到痊癒才能回歸職場，在康復之前可能連雜務都做不好，如果還因此失業，就會進而陷入生活失能的不安之中。

疾病何時痊癒是難以確定的事情，但多數狀況下，還是能判斷治癒的可能性以及所需的時間，但以上是指一般的情況，也有表面上即將痊癒，卻突然急轉直下甚至死亡的案例，未知的病毒就更不用說了，我想就連專家也是無法完全掌握的。

以新冠肺炎來說，首先，我們無法計算傳染會持續到什麼時候，就算已經施行疫苗接種也無法讓人完全安心，疫情的結束遙遙無期，疫苗的施打跟不上人民的需求，誰也不能保證何時能夠回到正常的生活。

其次，與傳統疾病不同的是，最大的問題在於傳染。有些人認為新冠肺炎的死亡率沒有高到讓人擔憂的程度，卻忽略了它強大的傳染力，所以這不單純只是個人的問題而已。

在十六世紀後半到十七世紀的黑死病大流行期間，英國人相信幸福的人是不會染疫的，只要保持健全的心智，依靠不屈不撓的膽識與精神力，就能百病不侵，戰勝疫病，停止傳染。

現在也有許多人抱持著不會感染新冠病毒的僥倖心理，美國作家蘇珊．桑塔格[6]喜歡從心理學的角度來分析疫情，她說：「憑藉心理學，生病的人實際上幾乎能掌控所有平常覺得無法控制的經歷，與發生的事件。」（蘇珊．桑塔格《疾病的隱喻》）

但桑塔格也指出，用心理學來認知「只具備現實的物質性」疾病，是一種忽略疾病「現實性」（reality）的行為。

第三，將確診的人歸咎成意志薄弱，受到神罰，賦予生病多餘的意

6. Susan Sontag（一九三三～二〇〇四），生卒於紐約，美國著名的作家和評論家、著名的女權主義者。

義。罹患新冠肺炎也是如此，病人會被社會制裁，行動受到限制，因此新冠肺炎不只讓人產生可能患病的不安，生病的人也會因為不知道會被社會如何制裁，而陷入害怕的不安裡。

不管做了多麼嚴謹的防範，都無法保證絕對不會確診，從這個層面來說，感染是不可控的。話雖如此，還是有很多人擔心會造成他人的麻煩，為此苦惱不已，現實中染病的人也確實經常遭受指責。

這不僅會讓染疫的人陷入困境，甚至還有人會因此自殺。做了完美防護依舊染疫，多少還能自我安慰說是不可抗力，但因外出或外食而感染的話，就會被指責是自己的責任。有人批評沒戴口罩的人染疫是自作自受，但實際上，多數情況是根本無法確認感染的途徑。

和感染者有過接觸、被判定為密切接觸者，就無法正常上班，也帶來了非常大的「麻煩」。當然，這裡所謂的「麻煩」是我刻意誤用的。因為感染的人即使痊癒了，也會被迫跟大家謝罪，但這明明不是自己故意生病，根本就不必道歉才對。這與過往的人在生病出院時，親友會獻上祝福相比有著很大的區別。

許多人因為心愛的人病故，而開始「憎恨新冠病毒」，病毒會入侵人體並開始增殖，但這不表示它具有攻擊人類的意圖。

自古以來，疾病就被說是一種壞事的「惡喻」，不僅是醫療人員，全體社會都在使用「與病毒對抗」這樣一種軍事化的比喻。但從病毒的角度來看，人類不是敵人，而是宿主。只要沒有敵人的對抗，就不能說是戰爭。憎恨病毒，將病毒看做「鬥爭」的對象，這種行為不只是在仇視病毒，更是在對生病的人抹上「污名（stigma）」。（蘇珊・桑塔格《疾病的隱喻》）

若將病毒連同患病的人污名化，病人會成為憎恨的對象，因為染疫而被責備，就連康復了也必須謝罪。

相比感染的不安，被社會制裁造成的不安更嚴重，因為這種不安影響的層面更大，要遏止這種狀況，首先就要從停止謝罪開始。

我們能做什麼？

面對新冠病毒帶來的不安，逃避不是上策，因為就算閉上眼睛，問題也不會消失。逃避不安、拒絕面對真相、活在沒有任何根據的樂觀中，反而會產生更多的不安。為了避免變成這樣，得先審視自己能做些什麼。

首先，了解病情是必要的，這可以套用到任何疾病上，真實的病況是可怕的，但只有掌握事實才能做出正確的判斷。

感染不是必定發生的事，確診也不一定惡化成重症，但年輕人面對的疫情更加嚴峻，所以不能用天真的態度看待疫情，尤其是無症狀者也會傳染給他人。

對於病毒，社會上有「不是專家就不要評論」的風氣。的確，外行人應該避免傳播錯誤的資訊來煽動不安。

但是現在的情況是，即使是專家意見也不一定可信，病毒本身有太多未知，無法做出正確的評估，而最嚴重的問題是，政客們依據專家的建議放棄預防的措施，明明沒有什麼比生命更加可貴，卻為了經濟而捨棄人命，這樣的現象顯而易見。

其次，不要因為過度悲觀而以偏概全，過分天真的人固然會輕忽預備工作，太過悲觀的人則會陷入消極之中，但疫情並不是咬牙忍耐就會自己結束的。

第三，目前的階段只是過渡期，生活總有一天會回到原來的狀態，但是我不認為應該靠著強行忍耐來度過這段時間。

相對的，將當下定義為非常時期也會造成問題，會使人認為能猜到下一個階段的發展。儘管如此，也有人因為染疫而從此改變對人生的看法。

所以，我們究竟能做出哪些改變呢？首先就是用正面的態度，去面對潛在的確診者。雖然每個人都害怕感染，但這是等到疫情傳開之後才能確認的事，所以要修正自己的生活方式。面對其他疾病也一樣，不能回到之前那樣糟糕的風氣。

新冠肺炎後的問題

我不知道疫情會持續到什麼時候，但這不會是歷史上最後一次出現傳染病，所以絕對有去思考新冠肺炎結束後如何生活的必要。我最害怕的是，再度出現強人式的領導。

阿德勒認為，在「動盪不安的時代」中，往往會出現強人領導，這種人具備「傲慢」的特質，具有「充滿敵意的攻擊性及積極的活動性」，這不是一件值得肯定的事（《性格心理學》）。我認為不能因為一時的需要，就追求與承平時期不同的領導人，以下我來說說原因。

所謂強人領導的特質就是：

「認為人生是一場無止境的鬥爭，不斷思考『我如何能做得比所有人更好』。」（《性格心理學》）

「做得比所有人更好」所代表的意思就是「地位比所有人更高」。

「在人民動盪不安的時代中，就會出現這種性格的人，他（她）嶄露頭角是理所當然的，因為他（她）的領袖氣質能夠振奮人心，成為他人的憧憬，也做好了大顯身手的準備，並具有應對局勢的思慮。」（《性格心理學》）

即使是在現在這種特別的時期，允許「傲慢」的強人領導出現都是一件危險的事，因為不管有多優秀，在多麼「平靜」或「不安」的時代中，都不構成需要有人立於眾人之上的理由。

在新冠疫情中，主張犧牲生命與自由，抑制疫情擴散的領導者很容易獲得支持，在這樣的領導之下，個人自由會被犧牲，更令我擔心的是，即便是暫時性的，施行專制與封城（日本現在還未實施）的領導人，在疫情結束後也不會放下權力。

另一個問題就是，會支持這種領導者的人，往往習慣扮演服從者，阿德勒稱這樣的人為「自卑者」。

「這樣的人會卑躬屈膝地注目他人，但不是為了仔細傾聽，而是準備服從。」（《性格心理學》）

自卑者沒有了命令就什麼都不會做，把服從當作「人生的信條」，這種人對傲慢的領導者喜聞樂見，會給予領導者過高的評價，立於其上的領導者也會因此誤判自己的能力。

高估領導者能力的人，在發生問題之後就會把責任全部推到領導者身上，但其實包含政治家在內，都要通過自助及互助才能度過疫情，這是必須依靠眾人協力才能解決的問題，不建立在彼此對等的關係上是無法做到的。

就像阿德勒說的：「立於眾人之上的人也『立於深淵之前』，他們也有犯錯的時候，盲目地跳向深淵是非常危險的。」

第三章

人際關係的不安

為了逃避人際關係

如先前提到的，阿德勒認為「所有的煩惱都源自於人際關係」。人際關係確實相當麻煩，無法完全避免與人發生摩擦，因此有人想逃避人際關係並不是奇怪的事，人際關係會帶給這些人不安，按照阿德勒的邏輯，這是為了逃避人際關係而製造的不安。

這樣做就能夠利用不安將「逃避人生課題」給正當化了，找到一個讓他人與自己都能接受的說法，將自己的行為當作必要手段，來逃避課題帶來的不安，與不想去學校上課的小孩子是同樣的狀況。

並不是曾經在人際關係上遭遇挫折才會感到不安，真正的目的是為了逃避人際關係才會製造不安，不想面對人際關係難題的人，會將這個理由當成是自己陷入不安的契機。

大阪池田兒童殺人事件發生後，某精神科醫生在採訪時表示：「與事件相關的孩子們，即使現在表面上沒事，在未來人生的某個階段也『必然』會發生問題。」

儘管這種狀況並不是真的「必然」，並不是被捲入殺人事件之後，人生就一定會產生問題。然而，事件中倖存的孩子們長大成人，步入婚姻，如果婚後生活不順利，也可能會把問題的成因，歸咎當初提到的這個「必然」。

經歷過殺人事件與夫妻生活不協調之間並不相關，問題的癥結在於兩人生活的「現在」，過去的經歷與夫妻的裂痕是八竿子打不著邊的。

從過去的經歷尋找現在問題的原因，阿德勒稱為「外觀的因果律」，所謂「外觀的」是指看起來有因果關係，但實際上並「沒有」。

像這樣被囚禁在過去的記憶裡，將現在生活的不順遂歸因於過往經歷，認為努力毫無意義，沒辦法改善「現在」的生活。這種思考方式，只是把責任轉嫁給過去的經驗，追根究柢，兩人之間「現在的關係」會被其中一人「過去的經歷」所影響，這種說法是非常沒有說服力的。

話說回來，不管人際關係有多麼麻煩，沒有人是能夠完全獨自生活的，但對想逃避人際關係的人來說，不安只是被當作藉口。

前面以發生車禍的狗來當作例子，分析了人類試圖以精神創傷為理由來逃避人生課題時，會想繞過發生車禍的地點。但就算不會在同一個地方再遇上車禍，但在其他地方也還是可能會發生車禍，車禍的原因其實是「自己的不注意」以及「經驗不足」而不是地點，當你注意到了這一點，才能真正避免車禍的發生。

和夥伴相處不好的時候，或許多少是受到過去的影響，但光是連結沒有因果關係的過去，是無法改善當下的人際關係的。將受過挫折的過往當作經驗，特別是人際關係的挫折，思考能不能換另一個方式處理，才能對現在的人際關係產生幫助。

把別人當作敵人的目的是什麼？

「將周遭的人視為敵人，這種不安的特徵並不少見。」（阿德勒《性格心理學》）

阿德勒認為，有些人習慣用敵對關係（gegen）來看待他人，有些人則習慣用合作關係（mit）來看待他人。在前者眼中，他人即是敵人（Gegen Menschen），後者則是夥伴（Mitmenschen）。我們先來分析一下敵對的部分。

害怕周遭的人會在自己犯錯時落井下石，雖然不可能所有人都抱持惡意，但這種將所有人視為敵人的做法其實是有目的的。

這是一種為了逃避與他人相處，盡可能減少接觸的心理，所以並不是真的身邊充滿了敵人，而是不想跟人產生關係而把對方當作敵人的態度。

把對方當作敵人，就會破壞曾經友好的關係，以戀愛來舉例，每個人都希望對方能接受自己，一旦告白被拒絕，或是遭到出軌背叛，就會將對方視為敵人。

發展新戀情時，雖然得到對方的口頭承諾，但仍會害怕舊事重演，因此哪怕關係變差，都會忍不住問對方：「除了我以外你是不是還有喜歡其他人？」

即使對方回答：「我只喜歡你一個人。」不安也不會消除，得到否定的答案之後又忍不住一再確認，這樣很快就會激怒對方，最終導致兩人分手。

分手之後再騙自己：「果然如同我一開始想的一樣，這個人也是我的敵人。」對這種人來說，與其陷入害怕不知交往何時結束的不安中，不如直接停止關係，這樣才能消除不安。

把責任轉嫁給對方就是問題所在，也就是認為自己都沒錯，錯的都是別人，這如同之前所舉的小狗案例一樣，把車禍的原因歸咎於發生地點。

如果不覺得自己是這樣的人，請先審視自己處理人際關係的方式是否有問題，會努力改善人際關係的人是不會不安的，更不會拒絕與人交往。不要習慣性地將他人當成敵人，當你抱有偏見，任何風吹草動都能夠當成證據，接著我將以嫉妒為例來做進一步的說明。

嫉妒的人總是活在不安中

有些人會因為交往的對象或伴侶產生嫉妒，然後自以為這是愛的象徵，實際上這是把對方看作敵人的表現。

三木清說：「嫉妒是與惡魔相稱的屬性。」

「無論什麼樣的情感，當以天真浪漫的方式表現出來時，都是美麗的。然而嫉妒是絕對無法天真浪漫的。」（《人生論筆記》）

三木對於各種情感都能找出優點，唯獨否定了嫉妒。

愛情與嫉妒的共通點在於：比起其他情感更具「策略性」與「持續性」，當人們為了延長愛情而使用策略，就無法保持單純的本質。短暫的情感不會讓人痛苦，不斷持續的愛與嫉妒則會使人備受煎熬，只有維持正確的心態去理解愛情，才能擺脫痛苦。

此外，三木還認為「熾烈的想像力」也是愛與嫉妒的共同特徵。「愛情與嫉妒的強大，在於他們能熱烈地發揮想像力，想像宛如魔術，人們嫉妒著自己想像出來的東西，也正是因為如此，這份想像力驅使著人們在面對愛情與嫉妒時，使用各種策略與手段。嫉妒的人因為混入了愛而產生想像，但嫉妒的深處是沒有愛的，因為愛之中沒有惡魔。」（同前述作品）

戀愛或嫉妒中的人，都會「強烈地發揮想像力」，但問題在於，不是想像對方愛自己，而是害怕對方不愛自己，當你想像著對方被奪走了心，愛上了別人，此時候愛就結束了，甚至還會以己度人，覺得對方也要對自己抱持同樣的嫉妒才是愛的證明。

三木說，嫉妒是因為混入了「某種程度的愛」才會發揮想像力，如果沒有愛就不會產生嫉妒，但我認為愛情與嫉妒是兩回事，不能混為一談。

任憑想像力發揮作用，想像對方不愛自己，只有嫉妒的人才會這樣。戀愛中的人是不會嫉妒的，想像時都是對方愛著自己的樣子，甚至自己是否被愛也並非必要，因為自己愛著對方才是最重要的，對方是否愛自己並不構成問題。

三木表示，認為對方不再愛自己的人，會開始監視對方，除此之外還會檢查對方與自己聯繫的頻率，計算對方回覆訊息的時間是否變長了？但這麼做只會讓雙方的關係變得緊張，所以千萬不要這麼做，監視對方是無法帶來喜悅的。

「嫉妒就像是離家出走，丟下自己的根不管，被好奇心拉著越走越遠，完全不參雜嫉妒的好奇心是十分罕見的。」（同前述作品）

三木說，嫉妒是「離家出走」、「白忙一場」，甚至還會讓人四處尋找嫉妒的素材，半刻也閒不下來。

如果自己缺乏自信，即使被愛也無法感受到，不斷活在害怕情敵出現的不安當中，擔心無法將對方留在身邊，這是因自卑感而出現的不安。

即使想挽留對方，但對方並不是自己的所有物，阿德勒認為嫉妒是出自占有欲的情感。（阿德勒演講集）

就算能將對方像物品一樣地留在身邊，也無法留住對方的心，人的情感是無法被禁錮的。

想像力會因為想找出不被愛的證據而驅動著，嫉妒的人為了證明自己不被愛，會將一切的徵兆都當作呈堂證供來看待。

阿德勒接著表示：

「嫉妒會以各種形式出現，這是發自不信任感而監視他人、害怕被忽視的表現。」（《性格心理學》）

無法相信對方、認為自己是世界上最愛對方的人，這種隨時抱持不信任感的人，會在「暗中窺視對方」，目的是為了「印證」與「比較」，確認自己與對方想法上的差異，「質詢」對方則是在「等待答案」，想從對方的反應中看出他更愛自己還是第三者。

嫉妒的對象也可能是第三者，尤其當對方的外貌比自己更好，或更年輕的時候。

如何才能不陷入嫉妒之中呢？阿德勒是這樣說的：

「（嫉妒的人）會因貶低或支配而限制對方的行動，奪走對方的自由。」（同前述作品）

將對方置於自己不間斷的監視之下，就能確保對方不變心了。但如同前述，這會讓雙方的關係變得緊繃，最終導致分手。

如果不希望最後迎來分手的局面，就必須停止束縛對方的行為，然而給予對方自由確實也會伴隨著危險，哲學家森有正說：「愛是追求自由

的，而自由必然會加深危機。」（《面對沙漠》）

限制對方時會讓對方感覺不受信任，反之給予自由的話，就能讓對方認為是被愛著的，這就是所謂「愛是自由的追求」。

遺憾的是，給予自由是無法保證對方不會變心的，我曾在介紹〈田納西華爾滋〉這首曲子時，讓戀人與我的某位老朋友共舞，結果兩人在跳舞時產生火花，這竟成為奪走我戀人的一首歌。

但是戀愛的危機並不是「必然發生」，但束縛一定會傷害愛情，對方是否愛我是由對方來決定的，在這個基礎之上，我們唯一能做的就是真心去愛對方。因為，就算強迫對方說「我愛你」，也無法得到對方的心。

嫉妒是因為追求平均化

嫉妒不只在戀愛時會出現，三木如此說道。

「面對地位比自己高、比自己更幸福的人時會產生嫉妒，彼此的差異並非一定存在，而是必須在自己想成為對方的樣子時才會出現，唯有排除掉相異的部分，共同的事物才會有比較的基礎。」（《人生論筆記》）

在雙方存在絕對的差異時，就不會嫉妒對方了，因為差距太過遙遠的對象，嫉妒也沒有意義了。但當你認為自己也能做到時，就會在對方達成成就、沐浴在眾人讚美時感到嫉妒。

「自己也能做到」是建立在「如果努力的話，我也能做到」的假設上，嫉妒的人會認為「只要拿出真本事就好了」。但這樣的人不會為了提升自我而努力，耍嘴皮子這種事誰都辦得到。

「嫉妒的人並不是將自己提升到對方的高度，而是將對方放到自己的位置，這是很常見的現象。」（同前述作品）

阿德勒將此稱為「價值減低傾向」，不是努力讓自己變得與對方一樣，或是超越對手，而是將對方貶低到與自己同等、甚至更下等的存在，藉此來彰顯自己的價值。

面對可能奪走自己愛人的情敵時，也會想貶低對方的價值。

「表面上嫉妒是以更高的事物為目標，但本質上卻是追求彼此平均化，在這點上，戀愛與憧憬有著性質上的不同。」（同前述作品）所以乍看之下，人是因地位更高的對象而嫉妒，但真實的目的是把對方拉下到跟自己相同的水平，嫉妒的動機不是為了提升自我。

同時三木也說道：「愛的本質是為了追求更高的目標。」愛會因為憧憬而不斷提升自我，這是區分嫉妒與愛的標準，努力向上提升的愛，完全沒有嫉妒介入的餘地。

三木更進一步區分出愛與嫉妒的差別：

「嫉妒會無視性質上的不同，只注重量的差異，擁有特殊性或有個性的對象不會成為被嫉妒的存在，嫉妒的人不願意去承認他人的個性，也不了解自己的個性，於是就將相關之人都當作了嫉妒的對象。相反的，愛的

對象都是特殊的、有個性的。」（同前述作品）

在這裡三木講述了嫉妒在「質」與「量」之中的差異，「質」才能體現出幸福，「量」只能量化成功。

「嫉妒他人幸福的人，往往把幸福與成功混為一談，幸福會依照人格、性質而有所不同，成功則能以一般性的標準做出量化。」（同前述作品）

量的成功就如同社會地位或收入，有一般性的標準，所以會被嫉妒；屬於質的幸福是本質的、特殊的、有個性的，所以無法被嫉妒。也就是說，幸福並不一般，有的人所感受到的幸福，其他人未必能認同，幸福是獨有的，誰也無法模仿。

如前所述，有人會嫉妒靠自己力量獲得成功的人，這符合三木所說「嫉妒注重量的差異」。與此相對，有個性的幸福是質的東西，無法量化，所以無法成為嫉妒的對象。

照這個思路，幸福是質的東西，所以嚴格來說，我們先前所引三木「面對地位比自己高、比自己更幸福的人時會產生嫉妒」是錯誤的，當成功的人也「處於幸福狀態」的時候，嫉妒成功者的同時，也是在嫉妒幸福，但幸福是個人獨有的，誰也無法模仿。

另一方面，愛會將自己與他人都理解成一種個性，因此無法量化，所以當你愛上「獨一無二的那個人」時，嫉妒的對象也會害怕不知哪裡的「誰」會威脅到自身的地位。事實上，情敵出現時所產生的威脅，並非情敵自身的個性，而是普遍認知的年輕美貌。

因為嫉妒是普遍性的東西，所以三木說：「嫉妒，是不知道在神的面前眾生平等的人，為了追求平均化的體現。」（同前述作品）

嫉妒的人會嫉妒成功的人，卻不去理解對方的個性，神的面前眾生平等，不論什麼樣的個性都是平等的，將做為質的個性用量來計算、貶低別人的價值，因此，「惡魔的屬性」是對嫉妒最好的形容詞。

為了不產生嫉妒能做些什麼？

開始與人交往時，不論對方說多麼愛你，你都可能懷疑對方說的話，這就是自卑所產生的不安。

沒有自信的人，當比自己優秀的人出現時，就會害怕對方變心而不安。為了不讓對方離開自己，無論如何都要束縛住對方，這就是自卑的表現。

對情敵（儘管大多數是自己的假想敵）的嫉妒，尤其是當比自己優秀的人出現時，該如何是好？三木建議：

「消除嫉妒最好的辦法就是建立自信，但自信從何而來？那就是建立在自己的成果之上，嫉妒是沒有任何建設性的，然而人類可以通過創造來展現自我，變成自己的個性，只有沒有個性的人才會嫉妒。」（同

前述作品）

「通過創造展現自我」就能帶來自信，也就是說「人類通過創造讓自己變得獨一無二，成為自己的個性」。

不要與他人做比較，就不會因為他人更加優秀而嫉妒，因為即使你覺得別人做的東西更好，一味地模仿也還是他人的東西，不是自己的。

最怕的是連模仿都做不到。「嫉妒無法創造任何東西」，因為害怕自己就算模仿出成果，也得不到他人的正面評價，但連做都不做也就不需要討論跟評價了，因此更遑論產生自信。

但是作品優秀與否，是不能用量來衡量的，自己的成果不需與他人相比較，抱持這樣的想法、展現出自己的個性，也就不會因為看到其他人得到好評價而感到嫉妒了。

另外，前面談的「創造作品」，不能只從字面上的意思來理解。

三木接著說道：

「人類通過環境來形成自我，這就是我們的生活形式，我們的行為都會形成意義，所謂創造作品就是這個形成的過程，創造作品就是給予物品形狀，然後再改變成新的形狀。」（《哲學入門》）

創造環境也是在「創造作品」，推動環境的形成，不僅僅是指自然環境，社會、人際關係也都是一種環境，經營人際關係能讓我們反思自我的形成意義。

當身邊的人有需求或有想做的事情時，需要找到表達的方式，例如小孩子會藉由哭鬧表達自己的訴求，因為小孩子不這樣做就無法生存下去。

但這種方式會讓身邊的人感到困擾，等到會說話的時候，父母會對孩子說：「不要用哭的，好好說。」孩子就會改用話語來表達自己想做的事情、想要的東西。當然，並不是所有的要求都能夠得到滿足。

三木說：「人在被環境影響的同時，也能改變環境。」（《哲學筆記》）意思是，改變不是單向而是雙向的。

其實也不限於小孩子表達訴求的這件事，不管什麼事情，主動改變環境都是必要的，當不合理的事情發生時，就不能沉默，要大聲說出來，雖然這麼做不一定能造成改變，但在累積一次又一次的經驗之後，就能夠逐漸形成自我。

以親子關係來說，如果總是對父母唯命是從，孩子就不能「創造自我，形成個性」，我再接著引用三木的話：

「必須要能夠一邊改變環境，同時不迷失自我，才能活得自律而獨立。」（同前述作品）

別人的言行當然不見得是錯的，但一被反駁就馬上順從對方，那就是個問題了。

「人的行為，一方面是對環境的適應，另一方面是對自己的適應，不只要能融入環境，也要能維持自我。」（同前述作品）

你如果要成為「獨立的個體」（同前述作品），就不能輕易對他人讓步。我們改變他人的同時也在被他人改變，藉由雙向的互動來形成自我，如此才能產生「個性」與「自信」。

看不見臉的不安

先前提到，阿德勒認為「所有的煩惱都源自於人際關係」，但現代特有的問題是看不見所謂的「人」。三木如此說道：「以前的人生活在有限的世界裡，一眼就能望盡整個居住區域，並透過對方使用的工具，來判斷什麼地方的什麼人是否擁有技術含量；或是根據報導及學習到的知識，來判斷什麼地方的什麼人是何種背景，是否能夠信任……等等。」（《人生論筆記》）

我不曉得三木這裡所謂「以前的人」是指哪個時代的人？或許指的是江戶時代吧，因為在現今的小村落，只是認識的人，基本上都會知道對方的長相。

四十多年前，我曾到朋友家住過一週，他住在傳說中平家最後隱居的村落裡，那裡夜不閉戶、路不拾遺，我才剛到的第一天，全村都知道我是誰了。

在近代的聚落中，幾乎所有人都生長在出生的地區，除非搬到外地，不然就會一直身處在相互認識、又極為親密的人際關係中。

在這樣的社會裡，知識、行動、移動、通信、社交都是有限的，但當地的一草一木，或是每一張面孔，彼此都知道得一清二楚，三木認為在這種形態的社會中，每個人的性格都極為鮮明，故稱之為「有個性的人」。

然而，現代人則活在沒有限制的社會當中。

「現代的人類生活條件改變了，居住在無限制的社會裡，不知道使用的工具是誰生產的，也不知道報導與知識的來源在哪裡，所有人都是Unname（無名）的，所有東西都是Amorph（無形）的。在這樣的環

境下，現代人自身也變成無名、無形，甚至無性格的存在。」（同前述作品）

現今的用具與知識很多都不知道來源，也難以確認這些用具是誰製造的。知識也是一樣，雖然網路上有許多人都在分享知識，但我們根本不知道分享者究竟長什麼模樣，雖然書上會寫作者的名字，但也無法確認作者是如何得知這些知識，或了解內容是否正確。

活在Unname或Amorph的世界裡，人也會變得無名無形，三木認為「沒有個性」的人已經變得越來越多了。

「不過，現代人的社會之所以活在無限中，其實是因為將有限發展到了極致的結果，隨著交通的發達，用看不見的線將全世界的每個角落聯繫在一起。」（同前述作品）

這裡三木雖然說的是交通，但其實也包含了通訊科技，現在我們通過網路，與世界上每個角落的聯繫已比過去更加緊密。

因為交通與通訊的發展，人們被無數看不見的線聯繫在一起，但過度的聯繫反而被制約了，這裡說的就是這樣的情況。原本應該慢慢建立關係，再逐漸形成個性，卻因為關係被極度地細分化，數量也遠超過去，而「無限制」所帶來的結果就是，人們逐漸變成無名、無形的存在。

在無形的現在社會中，人們被孤立了，因為被無數的關係所束縛，因而變得沒有性格。我想每個人都一樣，雖然我們並非獨自生活，卻看不見相互聯繫、一同生活之人的臉孔。

向看不見的人產生的憎恨

之前曾經提到，阿德勒使用過「價值減低傾向」這個說法，意指藉由貶低他人的價值與重要性，來抬高自己的身價。嫉妒的人會貶低對方的價值，例如無能的上司為了不讓下屬看出自己的無能，會仗著權力在與工作無關的事情上斥責下屬，這就是價值減低傾向的典型例子。

霸凌與歧視也具有價值減低傾向，欺負與歧視貶低他人時，也是在抬高自己的價值，雖然不一定真的能達到自抬身價的效果，但霸凌與歧視的目標卻可以隨意尋找。當然，如此一來，被鎖定的那一方就會遇上大麻煩了。

用之前的話來說，被挑上的人對霸凌者來說就是Unname（無名人士），把欺負的人當成無名人士雖然沒有心理壓力，但一想到自己可能哪一天也成為被欺負的存在，人們也會陷入不安之中。

在現今社會造成問題的Hate Speech（仇恨演講）及Hate Crime（仇恨犯罪）中，Hate指的就是「憎恨」，阿德勒對憎恨的看法是這樣的：

「憎恨這種感情針對的可以是任何方面，人在面對這個課題時，遭遇的問題從個人、國家、階級、性別，甚至人種都有。」（《性格心理學》）

對個人的憎恨具有特定的對象，復仇時是有具體目標的，但如果憎恨的是種族的話，就沒有明確的對象，因此才會發生像是納粹的猶太人大屠殺，而無差別的殺人犯也是如此，犯罪者的憎恨對象針對的也並非個人。

戰爭時憎恨的對象也是Unname，像是「鬼畜美英[7]」的宣傳活動中，因為沒辦法把每一個美國人或英國人都列上名單，所以就把國家當成了憎恨的對象。

有時也會靠著憤怒來聚集人心，觀測長崎核爆的探測儀中也放入了勸降通告，當中就寫著：

「本國若不馬上投降，核爆之雨將隨憤怒不斷擴大。」（林京子[8]《祭祀的廣場．吹玻璃》）

這到底是指誰的憤怒呢？

「為何幾乎我們所有人，都不知道憤怒的理由？」

「浦上有許多人居住，那是一個充滿人情味的城市，最後有將近十萬人在那片土地上死去。我們到底犯了什麼錯，要遭這種罪呢？」

到底誰能回答這個問題呢？

這封勸降通告中繼續寫著：

「三週前美國在沙漠中進行了第一次核彈試爆，隨後在廣島投下核子彈，第三枚核子彈則是今天早上投下的。」

林京子寫著，雖然沒有明確的紀錄說投彈地點是在長崎，但原本的目標其實是小倉，因為天候不佳，雲層太厚，飛機在小倉上空盤旋了三圈視野都不好，考量燃料問題，最後才將目標改成長崎。

戰爭時是不能看見對方的，看到對方的臉就無法下手投下核彈，飛彈也無法發射，但是戰爭中「這個人」或「那個人」都會死，發表仇恨演講

7. 二次大戰中，日本醜化英美的政治宣傳。
8. はやしきょうこ（一九三〇～二〇一七），本名宮崎京子，是一位出身長崎、幼年成長於上海虹口的小說家與散文家。

的人也無法將每一個中國人或韓國人當作仇恨對象。

歧視其他國家的人，其實也不認識那個國家的人民吧？他們只不過是在腦中虛擬了一個抽象的「某人」，再把這個抽象的形象套用在那個國家的人民上。

即使生在同一個國家，也會討厭或憎恨身邊的人，但也不可能因此就討厭自己國家裡的每一個人，自己真正討厭的是特定的對象，而不是跟對方同一個國家的人。

看清楚每個人的區別，才能夠消弭戰爭、霸凌、歧視。

關於憤怒的話題之後再講，三木的主題是「避開憎恨」而不是憤怒，三木說道：

「如果有什麼事物是人類必須退避三舍的話，那就是憎恨與憤怒。」（《人生論筆記》）

「憤怒是突發性的，表現了憤怒的單純與純粹，然而憎恨是一種持續

性的東西，只有持續的憎恨才是真正的憎恨，如果憎恨的持續性代表自然性的話，那憤怒的突發性就代表精神性。」（同前述作品）

憤怒的特徵是突發、純粹、單純、精神性的；而憎恨的特徵是持續、習慣、自然性的。對眼前的人會發怒，對無名之人則會憎恨。

仇恨演講最能夠表現出對無名之人的憎恨，具有自然性的憎恨則是最反智的感情。

謠言與不安

三木對於謠言是這樣說的：

「謠言的特性是不安定、不確定的，我們無法控制它，只能在這既不安定也不確定的事物包圍下生存。」（《人生論筆記》）

謠言之所以不安定、不確定，是因為它的發生是偶然的。儘管如此，三木表示，一旦命運決定之後，即便謠言毫無根據，也會讓人因此失去工作。現在的時代與三木當時已經大不相同了，網路讓沒有根據的謠言迅速發芽，一想到自己不知道什麼時候會被謠言迫害，就開始陷入了不安。

「謠言總是存在我們看不見的地方，我們甚至不知道它的存在，卻與我們有著密切的關係，這個關係是無法掌握的偶然集合體，通過看不見的線連接到不知名的暗處。」（同前述作品）

謠言可以在本人不知道的地方流傳著，如果被本人得知，就不能稱為謠言了。「通過看不見的線連接到不知名的暗處」，三木的說法就像是已經預見了未來的人們會活在「無限制的世界裡」，知道了網路的發明一樣。

「謠言不是任何人的所有物，也不屬於被影射的當事人，也就是說，謠言是社會性的存在。嚴格來說，謠言因為沒有實體，所以也不屬於社會。看似沒有人相信，但又像是每個人都相信。」（同前述作品）

謠言沒有所謂的負責人，「責任」的語源是回答（responsibility），當被問到是誰的發言時，有人站起來自我介紹並說明意圖，這就是為自己的言論負責，但謠言找不到發話人，所以無法追究責任。

「謠言是出於許多情感而產生的，比如嫉妒心、猜忌心、好奇心……等等。」（同前述作品）

「所有的謠言都包含不安與真理，人們從自己的不安中製造、接受，然後再去散布謠言，不安並不屬於情感的一種，但它會牽動所有的情感，宛如情感的極致，因此它超越了情感。」（同前述作品）

一想到會不會發生謠言就讓人產生不安，但又因為不安而開始製造、接受、散布謠言，三木如此說道。

當聽見自己暗戀的對象與別人交往的謠言時，有自信的人不會被謠言影響，但自卑的人就會因為不安而產生嫉妒，進而選擇相信謠言，此時謠言就會成真。

芥川龍之介寫過一篇小說《龍》，內容講述一位因為大鼻子而被嘲笑的僧侶，他為了洩憤，就在奈良福興寺的猿澤池旁立了一塊牌子，寫著「三月三日將有龍從池中飛升」。

這原本只是和尚為了一吐平日被嘲笑的怨氣，暗中計畫讓夥伴以及世人成為笑柄的手段，萬萬沒想到，龍從池中飛升的謠言卻傳得跟真的一樣，這原本只是編出來的一個吹牛皮的故事，根本就沒有龍，但是當僧侶們看著池面，屏息以待的時候，天空竟暗了下來，大雨中只見龍的身影飛升……

儘管僧侶們沒有刻意編造，只是相信了某人的謠言，隨後又出於好奇心引發了內心不安，想著萬一龍真的出現了該怎麼辦？

龍這樣的謠言其實並沒有實際的危害，但也有因為不安而製造謠言、奪人性命的例子。許多謠言都是沒有根據的虛報或誤傳，像這樣的謠言本就應該不予理會，但「很少人能像智者一樣，對謠言保持冷靜、漠不關心」，所以謠言才會對社會具有這麼大的影響力。

一九二三年關東大地震時，曾流傳著朝鮮人發生暴動殺了很多人的謠言，在二〇一一年東日本大地震的時候，災區也有許多外國人趁火打劫的謠言在網路上迅速流傳開來，實際上全都是捏造的，這不禁讓人思考，人們為什麼不能明智地面對謠言？

就像之前說的，所有的謠言都源於不安，在「時局與學生」這個專欄中，三木曾寫道：

「不安使人焦躁，焦躁使人衝動，這時人們很容易失去判斷合理性的能力。歷史上許多獨裁者利用恐懼與不安操弄人民，讓他們服從自己的意志。」（《東京帝國大學新聞》一九三七年九月二十日，《三木清全集》第十五卷收錄）

不安會讓人焦躁、衝動，即使是平時冷靜的人也會被不安所驅使，變得魯莽行事。

三木說，獨裁者會透過不安與恐懼，隨心所欲地驅使人民，不安這種情感可以作用於任何目的。如果不是因地震而感到不安，還不一定會相信謠言而做出行動，但如果先用不安來製造謠言，就很容易取信於人，驅使他們去殺害平常就懷抱敵意的對象。

對於因不安而焦躁、任憑謠言擺布的人，三木如此說道：

「流言蜚語是不安的展現，傳達者自不待言，製造謠言的人本身也身處不安之中，流言蜚語是以社會氛圍為溫床日益茁壯的，如果當中有利用謠言來達成目的的人存在，情況就會越來越惡劣。換句話說，謠言不是單純存在不安之中，而是被製造出來的，或是傳達者在有意無意間融入了自己的私心。」（〈流言蜚語〉《三木清全集》第十六卷收錄）

流言蜚語做為不安的體現，常常包含「利己的意圖」，我們不能輕忽這樣的意圖，因為若像獨裁者那樣開始利用起不安，就會變成一種非常惡劣的行為；若發現自己可能在無意中開始散布謠言，就必須設法先意識到這個現象。

三木同時認為，傳聞跟謠言是不同的。

「比傳聞更有利的批判是少見的。」（《人生論筆記》）

傳聞用作批判時是一種鞭策，但因為這樣的鞭策沒有標準，所以不能算是苛責，也可以隨時提出，從這點來說，三木對傳聞是肯定的。

「流言蜚語不是單純普通（Abnormal）的報導，而是用特定的方式來表現輿論。」當報導受到管制時，「無法單純地將報導當作輿論的題材，並將目標改成發揮自己對輿論的潛在影響力，這便是流言蜚語。」（清水幾太郎〈流言蜚語〉書評、《三木清全集》第十七卷收錄）

「對輿論的潛在影響力」指的是未公開的資訊與意見，比起被統治者閹割的媒體報導，做為潛在輿論的傳言更具有力的批判效果。

在社交網路上的錯誤資訊很多，大多都不能相信，但因為新聞媒體不去傳達正確的資訊，所以有見識的個體往往能發布報章雜誌上看不到的資訊，這就是有用的情報，其正確與否或許需要嚴格的驗證，但社交網路對於「潛在輿論」的產生具有推波助瀾的效果。

疑心生暗鬼

懷抱疑心的話，就會莫名產生恐懼、不安與懷疑。

哲學家田中美知太郎擔心自己在《思想》上刊載的論文〈IDEA〉校正版會被審查而猶豫許久。

田中在論文中提到，這個世界絕對不能只用意識來看待，必須嚴格區分出現實與意識，由此推論，他批判了將君王視為神的論調，但在反覆誦讀、刪改之後，他最終仍決定將原話完整寫出，即使被問罪也在所不惜。田中在回憶錄中寫道：

「現在回想起來，這種艱澀的論文通常不可能會直接被審查，但在當

時緊張的社會氛圍下，誰也無法保證不會被舉報。」（《時代與我》）

確實如同田中所說，想要判斷這篇論文是否存在需要審查的內容，審閱者本身也要有相當的學識，但田中所言「論文通常不可能會直接被審查」，這裡的重點其實不在「直接」，而在審查本身。

這裡說的意思是，不針對論文的內容，而是對文章所使用的詞句雞蛋裡挑骨頭，即使不能理解內容，只要將不滿意的字句視作問題就好了。這在社交網路上也存在相同的問題，所以有時還會被直接封鎖。

雖然政府的言論管制很可怕，但像田中所說隨時可能被舉報的恐懼，在現今這個時代依然存在。像是政府拒絕任命日本學術會議的成員就是個很大的問題，因為沒有明確訂定什麼樣的研究會不會被認可（而這種狀況當然是不應該的），於是大家就會開始疑心生暗鬼了。

正如田中所說，還有一個更大的問題是「在當時緊張的社會氛圍下，誰也無法保證不會被舉報」。所以，不是政府當局的其他人也有可能進行舉報。

從三木清一九三六年的論文《時局與思想的動向》中，可以看到許多為了避諱而使用浮字（將禁語留白或符號化）的情況。

「我國很多的右翼分子不喜歡被稱為法西斯，希望把日本主義及精神與法西斯主義區分開……………………來看經濟社會問題的話，除去不合邏輯的理論部分，就算不想被稱為法西斯，但實質上卻沒有什麼不同。」

這裡出現的「……」就是浮字。

哲學家久野收如此說道：

「即使論文當中不需要使用浮字，也不代表落實了言論自由，作者需要留心下筆的用詞時，就會運用浮字的表現。」（《三木清全集》第十五卷〈後記〉）

當時有「特別高等警察」與「審查警察」負責監控，配合民間那些以

「思想告發」為本業的右翼分子，彼此在監控上形成「交叉火力」，三木在論文中如此寫道。

新冠疫情中也出現了「自肅警察」這樣的名詞，雖然沒有明確被制約的業者，但若拒絕自我規範，就會如同在社交網路上對政府發起批判一樣，終究會被網路評論「炎上」。

日本學術議會的任命問題也令人憂心，政府如果不需說明拒絕任命的理由，就會讓學者手足無措，不知道自己為何違反規定，使人不禁開始懷疑，這是不是政府試圖控制學者或研究人員的一種手段。

我住的公寓曾為噪音問題所苦，因為有人投訴深夜出現敲打牆壁的噪音，管委會早上就將通知單投入所有住戶的信箱。雖然不能確定是哪個房間，但應該能限縮出某個區域才對，只要細問那一區的住戶，就能找到兇手，但他們不這樣做可能是有其他的目的。

我不認為是有人故意要發出噪音，這種做法也許是要讓每個住戶擔心發出噪音的是自己，所以會開始避免無意間發出很大的聲音，從而讓深夜回歸寂靜。但利用舉發造成的不安與恐懼，進而操控住戶的做法讓我相當反感。

不論是利用言論審查、學會任命資格，還是管委會的通知，目的都是要讓不安的人意識到權力的存在。

在這種情況下，更需要如同田中的決心，用「即使這篇論文被問罪也在所不惜」的態度挺身而出，這樣才不會陷入不安。

雖然有人會散播無憑無據的謠言，或是監視他人的行動，但誰都不想遇到這種事，當你會開始擔心被別人陷害或是不能暢所欲言的時候，在不知不覺間，自己也會成為監視其他人的一分子。想要擺脫這種不安，就要先取回對他人的信任。

第四章

工作的不安

得不到結果的不安

這裡所謂的「工作」也包括「學習」，兩者都會產生結果，也會被他人評價，因此沒有自信的人，就會產生「即便努力也不會有好結果」的不安。其實不論多麼努力，都不能保證結果一定是好的。

無法取得好結果也只能繼續努力，但不安不光是因為結果不好，「被他人評價」這個原因也不能排除，因為這是包含在同一個課題裡的結果。說到底，評價就是對課題的總結，如果得到低評價，就會連帶降低自己的價值。

如果害怕沒有好的結果而導致身價下降，為此陷入不安的話，就有可能放棄完成課題，在這種情況下，不是因為不安而導致無法完成課題，而是為了無法完成課題而不安。

在結果不好時，會反省錯誤並為了改進而努力的人，是不會因此感到不安的。

我年輕時在大學教授希臘語，點名學生回答問題時，他卻連猜都不願意，問他為什麼不回答，他回答：「不想因為答錯了被當成沒用的學生。」我不得不向他保證：「即使你答錯了，老師也不會把你當成一個沒用的人。」在聽完我的話之後，學生才不再害怕答題。

一帆風順，事事成功，能學到的東西其實是有限的；只有接連犯錯，經常失敗，你才會不斷進步。這不是說要你活在錯誤與失敗之中，而是在失敗中尋找改進的方法，一步一腳印地學習，就算沒辦法在短期內取得成果，情況也一定會越來越好。

因此，老師之於學生，父母之於孩子，上司之於下屬，請不要在失敗時斥責他們，這會挫敗他們面對課題的勇氣，如果被責備的話，他們就會放棄解決課題，或使用不正當的手段來取得結果。你需要思考的是，如何幫助他們不要再次犯下同樣的錯誤，造成相同的失敗。

心情倫理與責任倫理

馬克思·韋伯[9]將心情倫理與責任倫理區分開來（《工作的學問，政治的工作》），心情倫理重視行為的純粹性而不問結果，因為結果取決於外在環境的影響。

至於責任倫理，舉例來說，一個醫師的行醫動機若只是單純想要救治病人，但如果不進入醫學院就無法實現。在現在這個時候，哪怕新冠疫情的防疫政策是正確的，但結果卻無法阻止疫情擴散的話，那便是無效的。所以說，不是動機單純就什麼都是好的，對行為的結果也必須負起責任。

不追求結果的後果就是，相較於責任倫理把重點放在結果，心情倫理所要負責的只有自己的良心，重視心情的純粹性是因為不能做違心之事。如果只對結果負責的話，則不一定要符合良心。

以學習為例，為了考好成績有的人會不惜作弊；想升官的人一味逢迎拍馬，幫助上司隱瞞不正當的行為或說謊，違背了自己的良心。這些就是違反了心情倫理。

所以並不是要從兩者之中挑選一個，韋伯區分出心情倫理與責任倫理的目的是要表達：前者把對自我人格的責任視為問題；後者把對社會的責任當作問題。

因此結果與良心同樣重要，比如考生要努力學習取得好成績，即使動機是純粹的，但如果考不好也要馬上檢討學習方法是否錯誤。

綜合兩種倫理的思考方式，就會發現責罵是沒有用的，以學習為例，學習的結果只會體現在自己身上，所以也只能對自己負責，除了努力學習之外別無他法。但如果大人用斥責的方式介入，那結果就會變成「不想被

9. Maximilian Karl Emil Weber（一八六四～一九二〇），小名馬克斯・韋伯，是德國的社會學家、經濟學家、哲學家。

斥責」，為了不想被斥責，就有可能會選擇作弊或是逃避考試。

但若不注重結果，就無法理解哪裡出了問題；教師若不看重成績，就不知道自己的教學方式是否正確。除非學生能夠發現自己的不足，讓教師能改善自己的教學方式，那下次的結果就有可能改善。

不要害怕失敗

父母、教師與上司都必須時時關注孩子、學生與下屬動機上的純粹性，以免出現為了結果而不擇手段，或是逃避課題的狀況發生，並讓他們明白，即便結果不好也要繼續努力，最重要的是不能放棄。

我們必須幫助他們勇於面對失敗，我會用很長的時間來教導學生，因為害怕犯錯的學生不會成長，這種援助從心情倫理的角度來看，是身為父母、教師與上司之人都必須做的事。

對於孩子、學生、下屬來說，如果沒有取得好的結果，只要努力學習，研究改進的方法就好，因為結果不好並不重要，選擇放棄才是真正的問題所在，成功並非一蹴可幾，只要願意持續面對課題，就一定能夠不斷進步。

但有時就算努力也無法得到好結果，這就不僅僅是不夠努力，往往指導者的方法也有很大的問題。

從責任倫理的角度來看，教師與上司要反省自己的指導方式，思考是不是自己的問題，才導致無法取得好的結果，光是在一旁說「加油！」是沒有用的。想取得好結果就需要正確的教育與指導，即使是優秀的奧運選手也需要教練，如果教練只用毅力來訓練選手，反而會讓選手表現得更差。

指導者如果意識到自己指導方式的好壞，正是影響結果的關鍵所在，就不會因為放棄或是表現不佳而斥責對方，因為斥責對方只是在逃避自己指導能力不足的責任罷了。

當然，一味被動地學習也是錯誤的。就算指導得好也不一定能提高成績，以此為鑑，不要把成績不好都歸咎別人，結果自己都不努力，想要擺脫成績不好的不安，只能靠自己努力學習。

從競爭中退出

為了取得好結果而出現競爭也是個問題，許多人認為競爭會刺激學習欲望，也能提高生產效率，但事實真的是如此嗎？

將學習與競爭放在一起，很快會產生厭倦，學習的樂趣在於了解未知的事物，若將目標變成要在有限的時間裡，比對方更快掌握解決問題的技巧，學而不思則罔，那就會失去學習的快樂。

考試前不論是誰多少都會有點緊張，但一想到必須擁有好結果才能戰勝他人，在自信不足的情況下，就會感到不安，這種不安會讓人離學習的快樂越來越遠。

許多人覺得人生就是一場競爭，即使已經取得了高學歷、在一流企業任職，也不能鬆懈。因為身處充滿競爭的社會中，就算贏得一時的勝利，今後也必須一直保持常勝狀態。但我不認為這種對競爭對手戰戰兢兢、活在隨時可能成為社會洪流脫隊者恐懼中的人生，可以稱得上幸福。

努力固然是成功的必要條件，但也不是努力就必定能夠成功，從競爭中敗北的人會放棄努力。阿德勒說，這樣的人會在「次要戰場」中戰鬥（《孩子的教育》）。「次要戰場」講難聽點就是「對人生無益的層面」，會讓人想用不需努力的方式來取得優勢。

比如在職場上，無能的上司忽視自身的無能一味斥責下屬，在下屬的低潮中取樂，對膽敢反抗的部下更是多加欺侮，這能為他帶來更多的優越感。

把不安掛在嘴邊的孩子，會透過自己的「軟弱」博取關注，以此來控制父母。如果這個孩子有兄弟姊妹的話，就是因為在競爭中輸給了手足，所以才放棄了競爭，才想在「次要戰場」中獲勝。也就是說，斥責部下的上司與軟弱的孩子都同樣是在展現扭曲的優越感。

若不將人生視為與他人的競爭，就不需要進行這種無意義的戰鬥了吧？台灣的作家龍應台對於競爭是這樣形容的：

「我們拚命地學習如何成功衝刺一百米，但沒有人教過我們：你跌倒時，怎麼跌得有尊嚴。」（《目送》）

在競爭的社會中，只有勝利者才是重要的，沒人在乎失敗者。人們都認為必須在學習及工作上取得成果才有意義，但沒人告訴過我們，當我們從競爭中落敗時該怎麼辦。

那麼到底該怎麼辦呢？答案就是從競爭中退出，就算是工作，也沒有什麼好跟別人比較的，因為根本沒有必要。

第五章

病痛的不安

身體變得不像自己的時候

就算是年輕人，除非從出生以來就一直保持健康，不然每個人應該都曾思考過生病時該怎麼辦吧？另一方面，也有人只要偶爾生點小病就會陷入不安，甚至感到束手無策。

生病時就不得不請假，要是住院的話，就算從不向公司請假的人也會被迫休息，也要花上一定的時間才能回到原本的生活。

生病的人就算從來不曾思考過死亡，也會因為生病而開始感到不安，不管是什麼樣的病都可能造成影響，除非生病之後能夠掌握所有狀況，如此才能稍微減輕內心的不安。

健康的人通常不會特別注意身體狀況，若是過度疲勞偶爾只會睡過頭，也因為身體健康的緣故，他們只要適度休息很快就能恢復。

但生病的時候，每走一步路都會不斷感受到痛苦，每一次呼吸甚至可能都很困難。

此時就會被迫意識到自己平常一直忽略的身體狀況，彷彿疾病將自己與身體「分離」了一樣。

因為別人與自己的想法、感覺都是不同的，所以在生病的時候，身體無法隨心所欲地活動，就像是身體變成「別人」的一樣。作家城山三郎曾經左胸口痛到喘不過氣，他對呼吸困難時的感覺是這樣形容的：

「雖然是身體的一部分，但平常總是隱居起來的心臟，如今卻摘下了面具，開始宣示自己的存在。」（《活在沒有歸屬的時間裡》）

這個比喻完美詮釋了自己與身體之間所產生的隔閡，變為別人的身體，「隱居」的心臟，這指的是在健康的時候，我們完全不會去注意自己的心跳。

當心臟摘下面具露出真面目時，就是我們感到疼痛、呼吸困難的時候，也被迫意識到它的存在，此時你必須面對「宣示自我存在」的心臟，並回應它的呼喚。

一旦狀況到了無法忽視的程度，就必須決定是否要動手術。不動手術就要承擔惡化的風險，接受手術則是承擔開刀的風險，這是健康時的我們所無法想像的重大抉擇。

為病痛所苦時，就無法支配自己的身體，不能再依照自己的意思來控制動作，彷彿身體有了自己的意識一樣。

儘管如此，身體也不是有意要製造麻煩的，因為疼痛就像是身體的語言，如果總是沉默不語，那麼當發生嚴重的問題時就無法有所警覺，有了疼痛的提醒，才能知道身體出事了，才能進行適當的治療。

發生疼痛這樣的異常狀況時，有人會選擇漠視，假裝什麼事都沒有發生，這樣一來，身體的警告就失去了意義！回應身體的呼喚本來就是一種「責任」，漠視的人就是「不負責任」的。

相反的，會馬上回應身體呼喚的人，往往能夠「一病息災」，有人雖然長年帶著老毛病，卻還是能活得健康長壽，因為他們一旦發現身體稍有異狀，就會趕緊就醫，絕不延誤。

接受疾病

多數人就醫時應該都十分害怕，沒有人是意氣風發地去看醫生吧？

我曾因心肌梗塞倒下，隨即被送醫急救，雖然之前已經出現過徵兆，但與城山不同，我完全沒有想到會是心臟病，心臟向我發出呼喚，我卻沒有注意到。

醫生看了心電圖之後，立刻判斷出是心肌梗塞，沒有心理準備的我感到十分震驚。在得知自己可能會怎麼死之後，我就像是被敲醒了一般，但如果要說是否該告知病人自身的病情，以心肌梗塞的例子來說，我認為是有必要的。

雖然這並非「死」到臨頭才有的想法，不過我還是保有了一點客觀思考的餘裕，因為在聽到病名的那一刻，我就明白了自己的身體最近為何感到不適，然後感覺稍稍鬆了一口氣。

我原本以為自己會就這樣死去，所以在沒有絲毫猶豫的情況下，我選擇接受手術。然而在經歷了那麼長一段時間的不適之後，最終被迫送醫，得知病況嚴重，這樣的我真的有救嗎？我陷入了不安，害怕會因此拖累家人。畢竟，生病時就無法工作，對以工作為重的人來說，若無法工作必然會焦躁不已吧。

有些人被告知病名時會無法接受，哪怕是非致命的疾病也一樣，要接受自己生病這件事實並不容易。例如在新冠疫情期間，每天都戴著口罩、從不聚餐的人，如果一旦確診，可能會對自己不合理的命運深感憤怒與絕望。

特別是被醫生告知罹患絕症時，會不禁懷疑是不是搞錯了，用美國精神科醫師庫伯勒・羅絲[10]接受死亡的理論（《死亡的瞬間》）來說的話，人處在自己可能的死亡階段時會先產生質疑（否認與孤立）。

也許會有人覺得接受疾病與接受死亡是兩碼子事，但不管得了什麼病，尤其不知道病名時，害怕死亡的風險就會讓人內心的不安不斷膨脹。

不必花上太多時間，否認患病的心情就會逐漸消磨殆盡，當你明白並沒有搞錯時，激動、憤怒的情緒就會開始湧現，然後開始為自己的死亡叫囂，並遷怒身邊的人（憤怒）。其次是為了延後死期，想方設法進行各種嘗試（討價還價），接著陷入自暴自棄的消沉（沮喪），最後不得不面對自己的死亡（接受），羅絲如此說明。

但是並不是每個接受的過程都會經過這五個步驟，五十歲時因前列腺癌過世的西川喜作醫生生前指出，接受並不是直線前進的，而是在這

10. ElisabethKübler-Ross（一九二六～二〇〇四），美籍瑞士裔的精神科醫生，是瀕臨死亡研究的先驅。

些過程中來來去去的（柳田邦男《〈死亡醫學〉的序章》）。當海浪打上海岸，衝擊襲來時，身處其中的我們就要作好覺悟，因為這個過程將會反覆經歷。

病人在直到接受生病的過程前，要如何面對都是病人自己決定的，就算把怒氣發洩到醫生身上，也無法讓醫生代為承受自己的遭遇，不搞清楚這點也只會造成醫療人員的困擾而已。

這個接受的過程，與其說會依循羅絲所列出的順序，不如說是我們在接受疾病前可能會產生哪些反應。我們可以參考阿德勒所提出的生活形態，根據課題來調整應對方法。不管是面對生病還是面對其他的人生課題，處理方式基本上是一樣的。

習慣在陷入困境時發怒的人，生病時也會自怨自艾。但不是每個人都是如此，總有人可以冷靜看待，專心治療。

人們的生活形態不是生下來就決定好的，也不會永遠維持不變，同樣的情境，不同的人所採取的做法也不盡相同。想要改變生活方式一點都不困難，實際上，「因病住院」就是人們能夠輕易改變生活方式的契機。

羅絲用來舉例的某位女性，似乎並沒有經歷過羅絲設想的每一個階段，而是突然就迎接了死亡。

她盲目地相信某位信仰治療師的話，說服自己很健康，否定自己生病的事實。但是某一天，她握住了照顧人員的手說：「你有一雙非常溫暖的手。」然後彷彿知道了什麼似地微笑著，於是那位照顧人員說：「我明白那位女士已經接受了一切。」（《死亡的瞬間》）

就如同之前說的，阿德勒認為憤怒與不安都是有「對象的」，只是對象是誰不一定。因此生病時所生氣的對象並不是特定的醫生，而是針對在那個時間點，剛好負責診療病人的那位醫生而已。

為什麼病人生氣時要將怒氣發洩在醫生身上呢？那是因為想要奪回失去的主導權。這點其實跟不安的情緒是一樣的，不知道罹患什麼疾病時會產生不安，然後開始不斷膨脹，就算知道了病情，也會將不安宣洩在醫生身上、拒絕醫生的診療，就算無法抵抗疾病，至少自己也能抗拒治療。

此時醫生若是不為所動，病人就會對醫生的反應感到驚訝，這與之前自己宣洩憤怒與不安的對象是截然不同的。

醫生不能被病人的情緒左右，必須本著專業素養，根據診斷決定治療方式。此時病人若不合作就無法繼續治療，病人的不安與憤怒會成為障礙，醫生必須要讓病人明白這一點，想要建立良好的合作關係，我們能做的是：

首先是告知真相，不要騙病人說「別擔心」或「一定能治好」，這種說法會傷害對方，失去病人的信賴。

對於病人來說，不知道身體怎麼了才是最不安的事，如果能如實告知病情並提供治療方案，就能減輕他們的不安。

有時也必須告訴他們治癒的可能性很低，此時必須相信病人能夠接受事實，即使他們拒絕或抗拒治療，甚至是對醫生發脾氣，也還是要抱持一顆渴望改善病況的心念。

只是告知的方式需要技巧，醫生只能從過往的案例來做判斷，如果過於武斷，對病人及家屬來說毫無幫助，就算死期將至，至少也必須留給他們一點希望。

一對父母帶著思覺失調症的女兒去就醫，阿德勒身邊一名醫師對憂心忡忡的父母說：「你的女兒已經沒救了。」聽到這句話的阿德勒對在場的醫師們說：

「聽好了，現在這樣說還太早，之後會發生什麼事情還不知道！」

（Manaster et al. eds., Alfred Adler: As We Remember Him）

從病人與家屬的角度來看，就算醫生說沒有治癒的希望，也必須證明醫生並沒有完全掌握狀況。多數沒有希望的情況，如果連醫生都抱持消極的態度，那病人就真的沒有放手一搏的勇氣了。看到醫生不放棄任何希望，病人與家屬也會積極配合治療，就算最後真的失敗了，病人及家屬也能坦然接受。

其次，醫生與病人必須成為「同伴」。對醫生而言，病人只是眾多患者的其中之一；但對病人來說，醫生則是唯一。

「同伴」在阿德勒的原話裡是Mitmenschen，認為自己與對方並非敵對，而且能結合（mit）在一起的時候，兩人就是「同伴」。病人相信醫生絕對不會拒絕、而是接受自己時，不論身體狀況如何，病人無須逞強，也能面對因不安而軟弱的自己，並全力配合治療。

阿德勒的書中提到過自己曾被病人毆打，其他醫生都說這個病人早已病入膏肓，想必阿德勒也被這位病人所排斥，在持續三個月的治療中，阿德勒始終保持沉默。終於在某一天，病人向阿德勒施暴，但阿德勒完全沒有抵抗，只在事後為病人被玻璃割傷的手進行包紮。

聽到自己無藥可醫時，想必沒人能保持冷靜吧。雖然暴躁的病患很多，但實際會動手的卻是少數。面對因不安的膨脹而將怒氣發洩在自己身上的病人，阿德勒是這樣說的：

「如何？你是否知道了，我們兩個應該怎麼做才能治好你的病了嗎？」

我注意到，阿德勒在這裡說的是「我們」，而不是「我」。

阿德勒用「我們」來問該怎麼做，表現了醫療並不是醫生對病人的單方面行為，如果兩人不合作的話，治療就無法繼續下去。於是病人接著回答：

「很簡單，我已經失去了活下去的勇氣，但與你談完之後，我又找回了勇氣。」

三個月來，這名患者一語不發，但此刻竟找到了問題的答案。不管是什麼樣的病，為了使病患接受治療，都必須讓他們重新拾回「活下去的勇氣」。

從病痛中恢復的過程

我把過程整理如下表：

（1）我＝身體

←

（2）我↔身體（身體異物化）

←

（3）我被疾病（身體）支配

（1）是健康的時候，此時還沒有意識到身體的狀況；（2）是因為生病，開始注意到身體的時候；（3）是意識被身體完全占據，一刻也離不開的狀態。

那麼可以說恢復的過程就是與此相反，把終點變成（1）感受不到身體的時候嗎？

你可能會覺得這是理所當然的，但其實並沒有這麼簡單。身體的傷痛病症不是完治（完全康復）的，症狀消失、身體重回控制、不再造成問題的狀態，其實只是病痛的「緩解」。以我自己為例，雖然日常生活沒有大礙，但心肌梗塞是無法完全康復的，只能緩解，因堵塞而壞死的心肌也是不可能恢復的，從心電圖中就能清楚看到它的異常。

無法康復的情況，就不可能再回到（1）。其實只要可以從命危且痛苦不堪的狀態中脫離，就已經要謝天謝地了。但我認為，在經歷這樣的苦難之後，我們一定要從中學到一些教訓。

但也有情況相似、經歷相同，卻完全沒有學到教訓的人，這讓我想起住院時曾聽護士這樣說過：

「有些人在治療結束後就以為沒事了，但為了身體著想，希望你在休養結束後，更要好好調整你的生活方式！」

想要把握你的第二次生命，就必須從病痛中獲得經驗，學到教訓。

這次的經驗讓我學到以前所不知道的許多知識，這次的病痛改變了我的人生，甚至可以這麼說——幸好我生了這場病。

這句話是只有當事人才能說出口的，其他人千萬不要對病人說，沒人想聽到生病是好事這種話，因為誰都不想生病。

而所謂的恢復，指的不是回到沒有注意身體狀況的時期，也不是處在身體被支配的狀態，而是找回「與身體相處的關係」。

回應身體的呼喚

首先，讓我們回應身體的呼喚，不要再無視它，也不要擅自做出自己可以接受的解釋，而是正視身體生病的現實。荷蘭精神病理學家范登·伯格[11]說：

「真正健康的身體是很脆弱的，健康的人也會注意這點，從而保持一顆負責任（responsibility）的心，但這種負責任不是無所不能的。」（《病床心理學》）

有些人會在不經意間生病，相對於此，「真正健康的人」則明白身體有多麼容易受傷，對於身體的照顧會隨時保持警惕。每個人都該意識到，會不會生病不是由運氣來決定的。

我們先要承認生病不但無法避免，也不知道何時會來，把疾病當作自己的一部分來看待，幸運治癒之後也不代表病已經結束了，忽視疾病帶來的影響其實是一種逃避，回應（respond）身體的呼喚才是負責任（responsibility）的行為。

即使回應了身體的呼喚，說話的也不是身體，擅自將身體的異常現象

11. Jan Hendrik van den Berg（一九一四～二〇一二），荷蘭精神科醫生，以其在現象學的心理治療和「代謝物組學」或「歷史變化心理學」方面的工作而聞名。

曲解成無害的訊息，僥倖逃過一劫後在進行復健時，還對自己說「不用太認真，偶爾休息一下也好」這樣自我寬心的話，這絕對不是身體想要傳達給我們的訊息，而是「我」在騙自己說「這樣比較好」（善），然後對身體想說的真心話置之不理。

也有一種人是打著接受疾病的口號（別有用心地說自己接受生病的事實），實際上是拿來當作逃避人生課題的藉口。

認真的人就算因為生病而被迫休息，好轉之後也會積極回到職場，當然了，勉強自己也不是一件好事。但有些人明明已經恢復了工作能力，卻還是會用生病當藉口不斷請假。

安岡章太郎[12]在戰爭時被陸軍徵召，投入東北戰場，之後因為胸腔病變被送回日本。戰後診斷出是罹患了結核性脊椎腫瘤。療養的過程中，他只能趴在被窩裡寫作，並透過創作來暫時逃離身體的病痛。

最初每天只能寫下兩、三行，但隨著時間過去，不知不覺間也累積了厚厚一疊的文稿。

「原來如此，我是為了寫作而生。」

他在原稿上拚命地擠出文章，像是馬賽克般地拼裝起來。

「也許是這些原因，我的文章給人一種為老不尊、幼稚的感覺，不過反過來說，我認為這是我建立的一種思想，或可以說是觀念性的概念。」（《對面死亡》）

抱病寫稿是一件非常困難的事，也許周遭的人會覺得直接雙手一攤躺平就好，但寫作的原意就是為了逃避病痛，等達到「為了寫作而活」的境界時，就可以不受身體與病痛的控制而活下去了。

先是疾病（身體）對我的控制，轉而變成「我來控制著疾病（身

12. やすおかしょうたろう（一九二〇～二〇一三），日本小說家，獲得多項文學獎項，包括一九五三年的芥川龍之介獎、一九五九年的野間文藝賞、一九六六年的讀賣文學賞、二〇〇〇年的大佛次郎賞、二〇〇一年的日本文化勳章等。

體）」，這就是所謂的恢復。但嚴格來說，像安岡這樣的人，也從沒想過他可以做到對疾病的控制吧。

如果疼痛一直不消失，這道難題確實會影響並妨礙到我們的人生，但生病也同時是個機會，幫助我們找到與身體和疾病共處的方式。

被拍上沒有時間的彼岸

其次，不管生病與否，都要接受人生於世所要面臨的現實。范登・伯格（Jan Hendrik van den Berg）如此說道：

「所有的事物都會隨著時間流動，只有病患會被拍上沒有時間的彼岸。」（《病床心理學》）

生病時，本應到來的未來就會消失，即使是健康的人，未來也不是「注定要來」，而是只能看見輪廓、充滿變數的。如果明天發生無法工作、遇到生命危險的情況，這時就無法把明天視作今天的延伸。好好把握這個機會審視生病之前的人生，為人生帶來改變，這是生病唯一帶來的好事。

范登・伯格接著說道：

「對人生存在最大誤解的，難道不是那些健康的人嗎？」（同前述作品）

病人不只是生病了，也失去了安穩的未來，「被拍上沒有時間的彼岸」的病人在得知實情之後，所迎來的明天就只剩下自發性的崩潰，即使今後失去了自己的時間，也要拖著身體活下去。到底這些被拍上沒有時間的彼岸的病人，該如何面對自己的人生呢？

不要把人生想像成直線

亞里斯多德將動作（Kinesis）與現時的活動狀態（Energeia）做了對比（《形而上學》），普通的動作（Kinesis）有著起點與終點，動作的關鍵在如何確實有效地迅速完成，例如上班或上學時，會選擇走最快的路線到達目的地，結束前的過程，做出的每個動作都代表事情未完成與不完整，「正在做什麼」其實一點都不重要，花了多少時間「完成目標」才是唯一的指標。

與此相對，現時的活動狀態則指的是「結束前」等同「結束後」的動作，這與「點到點」或「完成度」這樣的概念是毫不相關的。例如，舞蹈就不是為了完成某個目的而做的，因為舞蹈本身就具有意義。

那麼，生存是否就是由動作與現時的活動狀態所組成的呢？

「現今的你，處在人生的哪一個階段？」面對這個問題，很多人會不自覺地把人生想像成直線，年輕人在線的左邊，老人在線的右邊。這條直線是以生為起點，以死為終點。但也有人會說自己離中間點還很遠，或是才剛過了中間點，可是他們明明不知道自己什麼時候會死，為什麼能回答得如此篤定？也許他們早就已經越過中間點很久了，只是現在還不知道而已。

能不能像這樣將人生用具體的形式表現，以生為始，至死為終，答案不言而喻。對生病的人來說，明天生死未卜，認為自己會長壽的人突然要面臨死亡便會陷入絕望。人生就像跳舞，分分秒秒都是「當下」，光是「活著」就有意義，這樣想才能從容地面對人生。

要將人生當作「動作」並不容易，我在做冠狀動脈繞道手術的前一天晚上，和執刀的醫生談了很久，他說：「如果你已經七十歲了，我可能就不會幫你動刀了。」我下意識地用尖銳的語氣反問：「為什麼？」

在這段對話之前，這位醫生曾說過：「也有不必動刀的其他治療方式。」既然如此，之前卻沒有人告訴我：「你自己的身體，應該要你自己主動提問。」我對醫生這樣答覆感到震驚。在已經決定動刀的前夕，才得知不必動刀的可能性，不做手術的治療會有什麼樣的效果暫先擱置一邊，但此刻我才驚覺，自己的身體必須自己負責，有些事情是不得不、也必須親自決定的。

當醫生對我說，五十歲可以動刀（我接受手術時是五十一歲）而七十歲不行時，我把人生看成了一條直線，這是最關鍵的一點，如果是七十歲的話，人生所剩不多，我應該就會選擇不動刀來度過餘生了。

但是人生應該用「現時的活動狀態」這樣的角度來思考，要是珍惜現在的生活，即使是八十歲，那也應該接受手術，這與不動手術是否會死一點關係都沒有，因為「現時的活動狀態」這樣的生活方式，就是透過「去做」來實踐的，所以這與剩下的生命長度無關。

使今天成為圓滿的一天

用「現時的活動狀態」這樣的態度來看待人生，那麼人生就算突然結束，也不算是壯志未酬，倒在人生的半途。雖然誰都不知道明天會發生什麼事，但就算失去未來，人生也在當下完成了。

所謂恢復，並不是指身體回到原本狀態的完全康復，而是找到生病前所沒能想過的思考方式，這就是將人生視為「現時的活動狀態」，如此一來就算身體不能康復，也不必痴痴等待身體復元的那一天。治療或許能夠帶來完全的康復，但在接受治療前的那段日子也不會只是過渡期而已。

許多人說，生病後才知道健康的可貴，此話不假，若要談論健康的重要性，的確要以恢復健康為前提。但只要明白活著的當下就是完整的生命，那麼就算無法恢復健康也不會陷入絕望。

我住院的那段時間，晚上怎麼都睡不著，醫院九點就熄燈了，我打開檯燈繼續讀書，直到深夜都無法入睡。於是醫生開了安眠藥給我，但一想到或許會就此長眠不起，就不安到根本吃不了，於是我將藥劑放在桌上，整晚都在煩惱到底要不要把它吃下去。

不久之後，並非因為生命獲得了延長，而是透過想法的改變，每天都能得到滿足的幸福感，於是我才戰勝了不安，就連白天護士進來做血液採檢時，我也能安穩地睡去。

活著就是在證明自己的價值

要如何才能避免不安，一覺睡到天亮呢？你必須將人生當作「現時的活動狀態」，並且明白自己的價值並不是建立在完成他人眼中的成就上。人生的每一刻都是完成式，沒有非做不可的事情。

住院期間，家人與朋友們來探望我、照顧我，就算我失去了工作，他們也絲毫不在意，每個人都為我活著而感到高興。後來我才知道，我的生命能夠帶給別人喜悅，光是活著就能做出貢獻、擁有價值。如果換成親友們住院，我也會立刻帶上隨身物品，第一時間趕到他們身旁。此時哪怕是病痛纏身，活著也會很開心，我相信大家都是一樣的。

當你發現活著就是自己的價值時，就會發現生病之前在乎的東西，究竟有多麼微不足道。

三木使用了「精神的自動化」這樣的說法（《人生論筆記》），來形容一般人在生活中不太會去動腦的現象。所謂的文化，其實就是常識的集大成，出生在某個文化圈的人會無意識地被常識所限制，他們在思考時，實際上就已經不斷受著他人的想法影響，想要改變這種「精神的自動化」，需要的是「懷疑」的精神。

「懷疑可以打破精神的習慣性，我們的精神會自然地順應習慣，懷疑就是打破『精神的自動化』的工具，也是知性戰勝順應習慣的表現。」

（同前述作品）

沒發生過意外，也就不會去思考、去懷疑自己長久以來的常識是否正確。

可是生病會打破「精神的自動化」，如先前所述，生病會改變對人生的看法，發現真正重要的東西，既非金錢，也不是名譽，就算將成功視為幸福的人，一旦生病了，也會明白成功並不是值得自己用生命去交換的東西。

活著不是進化而是變化

生病會帶來許多問題，例如失業、生活不便，甚至還會影響家庭關係，由於生病後失去得太多，疾病就被視為一種負面的東西，但生病的狀態是否總是負面的呢？這樣講可能太過武斷。

阿德勒說：「總體來說，人生是從下到上、從負到正、從失敗走向勝利的。」這就稱為「優越性的追求」。（《人生意義心理學》）

我認為，生病的狀態既不是「下」也不是「負」，更不是「失敗」，病人只是生病了，但並沒有因此變得比健康的人劣等。所以，把生病當作失敗毫無疑問是個錯誤。有些人喜歡說：「不要輸給新冠肺炎！」但感染的人並不是敗給了冠狀病毒，治癒的人也並沒有從戰鬥中勝出。

沒有康復的希望時，就無法停止維持生命所須的必要措施。我相信，沒有人想把病人或殘疾人士當成無用之人，認為他們沒有活命的價值。但從沒想過自己會罹患絕症的人可能會覺得，自己一旦失去了生活能力，就等同失去了生存價值。

西克[13]認為，阿德勒優越性的理論引發了區分出上與下的概念，但

13. Lydia Sicher（一八九〇～一九六二），生於奧地利，美國醫學博士和心理學家。

當阿德勒提出「活著就是進化」的理論時，進化並不是向「上」而是向「前」的，因此沒有優劣之分。（The Collected Works of Lydia Sicher）

西克表示，所有人都是在同一條地平線上前進的，只是有些人走在前面，有些人走在後面，只有快與慢的差別而已。

但是用這種角度來看的話，還是會有不少人認為走在前面的人比較優秀吧。說穿了，從西克提出「人生就是進化」的論點時，就已經落入跟阿德勒相同的思考方式了。

在住院時，我在醫院的長廊上不斷走路進行復健，那時我走得比任何人都慢，所有的人都能輕鬆超越我，會用「超越」這個說法，心態上就是把超過我的人看得比我更優秀的意思。

慢慢地前進就好，不需要在意其他人，否則從「進化」的思維來思考，「前進與領先」明顯就會比「落後與脫隊」更加優秀。

只要站在進化的角度，即便用「前後」的概念來取代「上下」，還是會讓無法前進的老人以及失去痊癒可能的病人，被當成比年輕與健康的人更劣等的存在。

結束復健以後，我就能輕鬆走完相當長的距離了，但這不能說我超越了那些更晚開始進行復健，仍無法恢復速度與走完全程的人吧。

我並不比那些人優秀，無論走在前面或後面，走得快與走得慢，都沒有所謂的優劣之分，每個人都只是按照自己的步調在走罷了。

接受治療與努力復健並不是為了從「負面」走向「正面」，另一方面，也是因為不可能做到完全康復，總有些病會造成不可逆的傷害。儘管如此，復健與治療也不是沒有意義的，這與是否生病無關，因為人的價值就是活著。

我的父親在住院期間與物理治療師積極進行復健，父親總是很快地休息一下，便又催促說：「再來一次。」那時他光是能夠走路就相當開心了，看起來根本不像是以恢復生病前的行動能力為目標。

如此看來，我們究竟該用什麼方式來形容人生，取代「進化」呢？我想應該說是「變化」。即使無法前進，只要還活著，人就是完整的，就沒有優劣之分。

年幼的孩子隨著成長不斷學會新事物，健康的人則隨著生病、老去逐漸變得舉步維艱，不論哪一方都是在變化。與過去相比，只要不是看作進化或是退化，那就可以了。

不變化也是變化的一種，實際上沒有永恆不變的事物，只是你有沒有發現或注意到而已。即使不再像童年時那樣快速地成長，只要仔細觀察，就會發現自己的心境一直在慢慢轉變。

變化不一定都是好事，強求變化也可能是一種錯誤，即使與過去的自己不同了，但能做的事與不該做的事，它的價值都是不變的。

病人也能創造貢獻

當生病時，或是年老行動不便的時候，有些人會害怕讓看護或家人照顧，因為與其給人添麻煩還不如一死，但需要人照顧並不是在製造麻煩。

當自己失去自主生活的能力，需要治療與照顧的時候，我們可以回想一下，以前在照顧年幼的孩子時也不會討厭他們，甚至還感到很高興。之所以會有這種感覺，其實是來自一種奉獻的感受。當然，我們並不是為了想要奉獻才去照顧他人的，但對家人與周遭的人來說，的確會因為付出心力照顧病人，而得到一種奉獻的感受。

宮澤賢治[14]有個相差兩歲的妹妹敏子，儘管賢治已經盡心盡力地照料，她仍在二十四歲時亡故，賢治作了一首名叫〈訣別之朝〉的詩來悼念妹

14. みやざわけんじ（一八九六～一九三三），日本昭和時代早期的詩人、童話作家。

妹，詩中提到，比起身上的病痛，敏子更希望此生不要再帶給他人痛苦。生病時，對他人的事情根本無暇他顧，因此我被敏子的精神深深感動。

在一個雨雪的早晨，敏子拜託賢治「取來外面的雨雪」。

啊　敏子
妳亡故的現在
為了盡力讓我明亮
妳才這樣　拜託我
盛起如此清冽的一碗雪
謝謝　我堅韌的妹妹啊
我也會筆直前行的

〈訣別之朝〉

賢治說敏子請他去取雪的行為，點亮了他的人生，但敏子並不知道自己無形中為賢治作出了貢獻。

人的價值就是活著，光是活著就能帶給他人喜悅，為他人帶來貢獻，因此就算生病了，也不要覺得自己沒有價值。

但敏子卻沒有察覺到這一點，所以才會希望此生不要再有他人因自己而痛苦，我想不只是敏子，多數人應該都不想成為拖累別人的存在。

但是敏子求雪的行為照亮了賢治，賢治對敏子說了聲「謝謝」，感謝能有機會為妹妹作出奉獻。這就是之前說的，病人不只沒有為家人添麻煩，反而讓家人有了奉獻的機會。

在這首詩中，敏子為了讓賢治開朗一點而討來了一碗雪，但其實敏子自身的存在，就已經照亮了宮澤賢治的一生。

生還下來代表的意義

病人的奉獻還存在另一層意義。

柏拉圖在《理想國》中的〈地穴之寓〉說，在一個深邃廣大的洞窟裡，有許多被鐵鍊綁住、動彈不得的大人與小孩，他們只能直直看著前方洞穴的牆壁，身後則是燃著火光的熊熊篝火，火與火之間有一條小路，以及沿著道路所建造的矮牆。

搬運道具與雕像的人們在小路上穿梭著，火焰將他們的影子投射到牆壁上，被鐵鍊綁著不能轉頭的囚犯看到這個景象，就把影子當成了實象。

某天，其中一個人突然解開了束縛，此時若他轉過頭去，那會發生什麼事呢？以前的他只看過影子，所以不知道直視火光眼睛會感到刺痛，就算這才是真實，但也無法馬上接受，被光芒刺痛雙眼之後，他只會想著要趕快逃向習慣了的陰影。

如果再把囚犯帶到洞外，會發現四周一片光明，找不到過往誤認的真實事物，但只要解開束縛的時間夠長，就會知道洞外的世界才是「永恆的持續之物」，也不會再把影子當成真了。

茨木則子[15]記錄了在戰爭期間的動員令下，被從學校轉移到藥品製造工廠的往事。（〈二十歲的戰敗〉《茨木則子言論集1》）

「父親告訴我：『這是戰爭時期，我們都無法決定自己的葬身之處。』夜晚，我們站在故鄉的車站等待發車，在閃耀的星空下，天蠍座顯得特別明亮，觀星是我當時唯一的興趣，星星留在我心裡的只有美，所以我的包包裡也帶著星座盤。」

茨木曾寫下「天蠍座最亮的第一顆星——心宿二」這樣的詩句。（〈獻給夏夜的群星〉）

15. いばらぎのりこ（一九二六～二〇〇六），日本現代詩壇最具代表性的女詩人，被譽為「日本現代詩的長女」。

詩人如此呼喚夏日夜晚的群星。

美麗的群星啊
我之所以不再追求地上的寶石
肯定是因為
已經看見了你們

〈獻給夏夜的群星〉

「看見」了星空的美麗，茨木認為這才是永恆之美，借用柏拉圖的話，只要意識到真正的美，就會對世上那些會消逝的美不再感興趣。「不再追求地上的寶石」，指的就是已被捨棄的普世價值觀，面對閃耀的星空，在不知道明天是否能活著的時代，我們明白了「追求地上的寶石」是沒有意義的。

健康時追求「地上的寶石」，並為此汲汲營營的人，在生病後紛紛改變想法，你會發現，原本想要的金錢、名譽、社會地位……等等，其實一點價值也沒有。

三木將人生比喻成在海灘上撿貝殼，另一頭是不斷發出浪濤聲的黑暗大海，有人會注意到，有人卻視而不見。

然而，就在「機遇之下，不得不意識到它的存在時」，低頭看向了籃子，發現以前撿的那些覺得美麗的貝殼醜陋不堪，不再閃耀光芒，它們不是貝殼，根本是石頭。「生病」也可以說是這樣的機遇之一。

「然而到了那個時候，身邊這片永恆的大海就會化成破壞性的巨浪襲來，將我們捲入伸手不見五指的黑暗裡。」（《不言而喻的哲學》）

「破壞性的巨浪」指的就是死亡，死亡會把我們連同此生所撿的貝殼，一起捲入黑暗裡，你不可能不知道，人生的終點就是死亡，但在生病之前，我們卻從未對死亡有過深思。

我在生病的時候，想起了柏拉圖的〈地穴之寓〉。生病讓我將目光從陰影轉向了光明，這個機遇讓我明白了什麼才是真正有價值的東西，病人就像伯格之前說過的「被拍打到沒有時間的彼岸」，雖然不知道能否回復過去的健康，至少我們要能看見生病之前那些未曾發現的事物。

生病了但很快就康復的人，根本不會把頭看向光明的那一邊，他們只會隨著康復的身體，再次變回過去的自己。

我感興趣的是，解開束縛看見「真理」的哲學家們，如果不能留在地上，而是被帶回洞窟時的反應。病人即使沒有康復，但只要症狀緩解，就不能繼續留在醫院裡，就像是回到原來的世界一樣。哲學家西蒙娜．韋伊[16]說：「此時的哲學家們，會重新接受自己的肉體。」

「總而言之，在經歷了靈魂出竅的死亡之旅、曾經到達過神的身邊，為了將超自然的光帶給地上的生靈，聖人必須重新接受自己的肉體。」（西蒙娜．韋伊《希臘之泉》）

當然，柏拉圖生活的時代是在耶穌出生之前，所以不會使用「受肉」或「聖人」這樣的說法，但我因心肌梗塞住院的那段日子，讀了韋伊書中的這段文字，卻找到了生存的意義。

生還之後想做什麼事其實因人而異，但可以試著分享自己對於生病的感想與心得，因為這是經歷過疾病的人才能明白的事，不僅能藉由分享，來減輕罹患相同疾病、不知未來憂心之人心中的不安，也能傳達自己在生病後才學到的人生觀。

這也是生還下來的病人能夠帶來的貢獻，即便不能康復，看見生病前所沒有看見的事物，本身就具有意義，把這件事傳達給其他人，就能找到生病的意義。「生這場病真是太好了。」這句話，只有病人才有辦法說出口。

16. Simone Weil（一九〇九～一九四三），法國宗教思想家和社會活動家，影響著戰後的歐洲思潮。

罹患重病倒下的運動員，以不屈的精神持續接受訓練，最後達成了生病前所締造的紀錄，這個過程能為世人帶來勇氣，但從生病的經驗中學到什麼才是最重要的事，不管能否重新成為現役運動員都只是結果，就算最終被迫放棄運動，他的價值也絲毫不會受損。

第六章

衰老的不安

何時開始意識到老了呢？

老化對年輕人來說是抽象而不現實的，但若能順利長壽，這卻是遲早要面對的事。

雖然年輕人對老化難有實際的感受，但隨著年齡增長就會逐漸意識到衰老的出現，就算覺得自己還很年輕，也不可能躲過牙齒掉落、視力衰退、聽力降低等現象。會開始注意到這些情況其實因人而異，有些人即使上了年紀也不覺得自己老了，因為做不到的事情是一點一點不斷增加的，相較之下，突然病倒反而更容易讓人接受變化的到來。

對於衰老，我的想法與生病一樣，老不是「退化」而是「變化」，老了之後並不比年輕時更劣等，只是狀態變成了老人而已。反之，我們也無法斷定說，健康與年輕就一定是正面的。

但就算不想要變老，當做不到的事情越來越多，一向獨立過活的人面對這種改變也會覺得難受吧？一想到不接受家人的照顧就無法存活，即便沒有經濟上的壓力，也會陷入不安。

如果再加上經濟困難等問題，這種不安就會進一步擴大，慢慢堆疊在逐漸老化的身體上。而與生病時相同的是，都會給家人帶來麻煩，進而產生人際關係上的不安。

人類的價值

老了也會產生價值觀的問題，我父親在老年的時候，非常討厭在電車內被讓座，小說家黑井千次[17]在書中寫道：「第一次在電車內被小學生讓座，不禁陷入了已經老到被讓座的感慨中。」（《所謂變老》）

17. くろいせんじ（一九三二～），本名長部舜二郎，日本小說家，日本藝術院會員。

以我自身的經驗來說，我做完冠狀動脈繞道手術後，胸前還掛著醫療器材，有好幾次，電車上的人看到我這樣都想讓座給我，若沒有相關知識，理論上是不會注意到這樣的狀態代表剛做過手術。被讓座之後，起初我也像父親一樣覺得困惑，但站著的確很不舒服，所以，我對那些靜靜察覺到我的需求的人，萬分地感謝。

當需要座位的時候就勇敢開口吧！只調換立場，就會發現其實也沒有拒絕的理由。

老年的問題，其實就是想做事情慢慢變得做不到了，但做不到並不代表自己的價值貶損了，只有把價值與能力連結在一起的人，才會覺得在生病與衰老之後，失去了自己的價值。

會在老年時變得消沉的人，是因為覺得自己沒有價值了，所以他們為此拚命工作，甚至超過了維持生活的付出，但你若是覺得，工作的目的是一種價值證明的話，當你因生病離職的時候，就會無比失意。

當身體失去行動能力，記憶力開始衰退之後，生活就會陷入失能，這是個嚴重的問題。阿德勒認為，這會使人低估自己，產生強烈的自卑感（Über den nervösen Charakter），老化不只是主觀的感覺而已，還會讓問題變得更複雜。

有些人會以健忘為理由，趁機偷懶耍賴，推說是自己的記憶力不好，放棄學習新事物。因為多數事情開始無法像學生時代那樣靠毅力來完成，所以記憶力衰退就成了不想努力的人最好的藉口。

年輕時就表現出這種行為的人，年老後的日子會過得更辛苦。

老年不是不幸的原因

和疾病一樣，老年問題伴隨著死亡，不僅僅是因為年歲的增長，死亡也等在老人的面前。阿德勒說道：

「身體快速衰弱會導致內心動搖，(如果死了的話）就證明自己完全被消滅了，許多人對此感到害怕。」（《追尋生存的意義》）

面對疾病、衰老、死亡的方式因人而異，但同一個人在面對不同的問題時，解決的方法大概都是一樣的。有的人以自我為中心，理所當然地接受幫助；也有人以生病及年老為理由逃避課題，這些人往往覺得自己很不幸，但他們並不是等到老了、病了才這樣，而是從年輕時就開始了。

柏拉圖的《理想國》記述了相關的議論，蘇格拉底曾與一位名叫刻法羅斯的溫厚老人閒聊。

蘇格拉底哀嘆不再能體會年輕時喝酒、鬧事、性愛的快樂，年華老去，現在什麼都做不到了，當中甚至還包括自己被親人虐待等原因，蘇格拉底以此為由，來闡述自己的老年有多麼不幸。

但是刻法羅斯對蘇格拉底說：

「我不覺得這些是你不幸的原因。」

如果老年是不幸的原因，那刻法羅斯應該會有相同的體悟才對。

那麼不幸的真正原因是什麼呢？

「蘇格拉底，原因不是衰老而是性格，如果是端莊知足的人，是不會這麼痛苦的。反之，如果不是這樣的人，蘇格拉底啊！老年與青春都是一樣痛苦的。」

這裡我們必須注意的是，刻法羅斯說如果不能端莊知足，「青春也同樣痛苦」，不是每個人上了年紀都會因年老而感到痛苦。相反的，年輕人不懂得「端莊知足」也永遠得不到滿足。

隨著年紀增長，不是每個人都知道何謂端莊知足，年輕時就過著知足生活的人，老了也不會改變；不知足的人就算有了需要的東西，也永遠得不到滿足，就像是把水倒進有洞的花瓶一樣。

上了年紀之後，做不到的事情會變多，但也不會因此而變得不幸，抱怨失去的人從年輕開始就已經在抱怨了，這種人從小到大不管得到什麼，其實都不曾得到滿足。

如何活用被賦予的事物

該怎麼做才不會讓人生感到痛苦呢？

西塞羅[18]是這樣說的：

「我現在不需要年輕時的體力，就如同年輕時我不需要牛或大象的力量一樣，把握自己所有的，根據自己的體力來決定要做的事就好。」（《關於老年》）

這讓我想起阿德勒說的：「重要的不是被給予了什麼，而是如何運用你所擁有的。」（《為什麼人會罹患精神疾病？》）

阿德勒曾談過「更年期的危機」，更年期不一定是危機，但只在意外貌與年齡的人到了更年期，就會「為想方設法引人注目所苦，搞得像在做壞事一樣遭人側目，並開始採取強硬的防禦心理，變得鬱鬱寡歡」。（《追尋生存的意義》）

人不可能永遠年輕，隨著年齡增加，人也只是變老了，美麗並沒有因此減損。只有把美與年輕混為一談的人，才會感覺失去美貌的原因是衰老，一味從外貌尋求自我價值的人，老年時只會感到失望。

阿德勒認為，一個認為自己不被需要的老人，可能成為一個寵壞孩子的溫柔老人，也可能成為一個憤世嫉俗的批評家，所以阿德勒說：「面對六十、七十、八十的老人，千萬不要勸他離職。」（同前述作品）

但阿德勒的說法並沒有擺脫以能力來衡量人的價值這樣的思維，不管有沒有工作或是無所依靠，為了不讓「無所依靠的時間」或「花更多的時

18. Marcus Tullius Cicero（西元前一〇六～西元前四三），羅馬哲學家、政治家、律師、作家、雄辯家。

間，來活得像個人類」的現象繼續下去，就必須以活著做為人類的價值，而不是生產的能力。

不要惋惜逝去的健康、青春與外貌，而要想著「活下去，就能為他人帶來貢獻」，這是幫助我們度過老年時的更年期危機的必要條件。

知識與經驗的累積

和年輕時候相比，雖然我沒有變得更加優秀，但我仍然十分感謝長壽帶給我知識與經驗的累積，我並沒有對物欲與金錢的執著，如果要我犧牲累積的知識與經驗來換取恢復青春的話，那我一定會毫不猶豫地選擇保持現在的樣子。

光是累積經驗是無法變聰明的，為了將記憶力轉換成智力，也就是綜合能力，將從年輕時開始累積的長久經驗進行高強度的思考是必要的。

精神科醫師神谷美惠子[19]在執筆《關於生存的意義》這本書時，在日記中提到：

「統合過去的知識，活用往日的經驗，是一件令人感動的事。能不斷進行思考的每一天，充滿了深深的喜悅。」（《神谷美惠子日記》）

將至今的人生經驗「統合並活用」，是讓人非常開心的事情。

19. かみやみえこ（一九一四～一九七九），日本精神科醫生，曾擔任上皇后美智子的顧問。

第七章

死亡的不安

誰都不知道的死亡

沒有人知道，等在病人與老人面前的死亡究竟是什麼，所以難免會感到不安。如果這份不安太過強烈，就會連工作也做不了，生活也過不下去了。

就算沒有經歷過疾病與衰老，看看身邊的人也大概能了解是怎麼一回事，某種程度上也能依靠自己的想像，或是直接詢問當事人。

不過，想像與實際經驗還是有落差的，工作狂往往害怕生病而無法工作，想像時，他們或可將生病住院當成是在休息，但實際真的住院了，就會知道醫院不是悠閒度日的地方，因為連續的疼痛與高燒是非常折磨人的。

雖然我在書中寫說，可以透過觀察他人來了解生病與衰老的情況，但不是每個人對於疾病與衰老都有相同的體驗，如同前述，也有生病了卻依然過得很輕鬆的人，看到他們就會讓人以為生病並不痛苦，這些都要實際體驗之後，才知道自己生病時究竟會如何。

但和衰老與疾病不同的是，沒有人能去體驗該如何面對死亡，你很可能要到死前才會發現，死亡和以前聽到的或想像的情況全然不同。他人死去時，是直接消失在這個世界上，但當自己死的時候，自己與世界都會一同消失，也正是因為如此，死亡與自己的想像完全不同就也不奇怪了。

不過，我們仍然要對死亡進行深入思考，因為人終將一死，思考死亡時產生的不安可說是實際存在的不安，這當然也包括為了逃避而對死亡產生的不安。本章將會先來探討因為逃避所產生對死亡的不安，其次再來討論人生在世，究竟該如何面對必定到來的死亡所產生的不安。

死亡做為人生謊言的不安

死亡是必然發生的，想要逃避的人帕斯卡[20]說他們會用「慰戲」來遮掩自己的不安，之前也說過，慰戲指的就是娛樂消遣。

有些人會用慰戲來逃避不得不面對的課題，迴避「面對」這件事。

對死亡的不安也能成為慰戲，因為可以透過誇大死亡的恐怖，來正當化自己逃避人生課題的必要性。

如果你一心掛念死亡，就會離「生」越來越遠，變得魂不守舍，被搭話也心不在焉。只想著死亡的人是為了從現實中逃避，為了「什麼都不做」而陷入害怕死亡的不安，這就是真實存在的情況。

阿德勒說，害怕疾病與死亡是不想工作的藉口，而不想工作的原因，之前也提過是擔心失敗，擔心得不到期望的結果。

阿德勒對精神病患做了說明：「失敗是虛榮與威信的威脅，如果看不見成功的希望，就會放棄課題，這種時候就是因為擔心失去自尊與威信。」

失敗時有人寧願選擇死亡，而不是失去自尊、威信，用一死（自殺）來迴避失去自尊與威信的結果。

阿德勒給出了如下的例子（Das Todesproblem in der Neurose'）：

某位剛結婚六個月的三十歲教師，在經濟不景氣時失去了工作，丈夫也是失業的狀態，所以只好不情願地成了一名事務員，每天坐地鐵去工作單位上班。

某天工作時，她突然陷入一個想法裡：「如果現在不立刻從椅子上站起來，那我一定會死。」一直到同事將她送回家，她才從恐慌中恢復，但在往後的日子，她每次乘坐地鐵時，死的想法就會向她襲來，最終她就再也

20. Blaise Pascal（一六二三～一六六二），法國哲學家，身後其筆記被編為《思想錄》。

無法工作了。這個故事告訴我們什麼？阿德勒如此解釋：

「這個女人有很強的虛榮心與自戀傾向，她恐怕是過度放大了自我意識（自尊心），也明顯缺乏集體意識與活動性。」

阿德勒認為，這是被寵壞的孩子特有的生活型態，「缺乏集體意識」意思是指「對他人漠不在意」，只關心別人如何看待自己，他們的眼裡只有自己。

另外，被寵壞的孩子長大後，陷入困境時，會習慣向他人求助，一點都不想努力。有些人自己什麼也做不到，只能依靠他人的幫助，他們打從一開始就把援助視為理所當然，雖然心心念念想要擺脫困境，卻毫無作為，這種人就是所謂的「欠缺活動性」。

曾擔任教師的她，即使為了生活不得已成了一名事務員，也完全不能忍受吧，她的內心恐怕想著：「我的品格下降了，人生徹底失敗了。」

這名女子是家中的次女，上有姊姊，下有弟弟。次女（次子）總會想方設法要贏過長女（長子），就像這位女子一樣，姊姊在頑固的父親面前毫無自己的意志，相對於此，她總是能靠著哭泣來貫徹自我意志，阿德勒稱其為「水的力量」。哭泣時，周遭的人態度就會軟化，她藉著這股力量，獲得了姊姊得不到的東西。

姊姊在期末考表現優異，得到了母親的戒指，她也想要，於是就開始哭，一直哭，直到拿到同樣的戒指為止。

父親最寵愛的弟弟則是她的勁敵。父親對妻女毫不關心，雙親的婚姻也談不上幸福，她也因此失去了對男性的信賴，所以被問到婚姻生活是否幸福時，她激動地痛哭：「世上沒有比我更幸福的女孩了！」

對於哭泣的原因，她如此回答：「我害怕這樣的日子終有一天會結束。」由此可見，不論是現實還是可行性，跟失敗有關的事情都會讓她崩潰。阿德勒接著解釋：

「她的終極目標相當明確，就是展示自己容易動搖的一面，習慣性地依賴旁人給予的溫柔，強化優越性與安全感，就像多數的精神病患一樣。如同先前所述，她其實根本就不關心別人，反而將他人當成壓榨的對象，她可以說是完全看不出活動性的類型。」

因為旁人無法對有困難的人視而不見，她利用這樣的人性，將他們當成了「壓榨的對象」。

回到死亡的話題上。她在乘坐地鐵時陷入恐慌狀態，覺得自己品格下降，或是說在職場上看不到未來以及成功的希望，所以只能用死的念想來保護自己。

她睡覺時做的夢也顯示了相同的情狀，因為她也會夢見已死之人。就這樣，連睡覺都離不開死亡的念想，這樣的她看起來就像是在說：

「與其繼續這項工作，還不如死了算了。」

「結果她要的根本不是死亡，而是離職，目的只是想擺脫一切罷了。」阿德勒如此分析。

之前寫道：「因為雙親的婚姻並不幸福，所以她自認無法對男性有所信賴。」這只是她自己無法信賴男性的理由，實際上與雙親的婚姻不和並沒有因果關係，所以只是為了自圓其說，而從過去的記憶尋找藉口而已。

會有死亡的念想，同樣也是為了讓別人來認同她不能工作而提出的。先前我們有提過，阿德勒將這種逃避人生課題的行為稱為「人生的謊言」。

沒有人想死，即便受到重傷幾乎死去，還是會掙扎求生，杜思妥耶夫斯基[21]在小說中寫道：「梅什金公爵說：『根據我的經驗，被宣告必死的人，他們的痛苦，恐怕大過那些被暴徒襲擊重傷、頭破血流、生命垂危，但仍抱持一絲希望、最終獲救的人。』」（《白痴》）

21. Фёдор Михайлович Достоевский（一八二一～一八八一），俄國作家，重要作品有《罪與罰》、《白痴》以及《卡拉馬助夫兄弟們》。

阿德勒在先前引述的同篇論文中，舉了一個五十歲男性的案例，這個男人只要一登上高樓，就會產生想從窗戶跳下來的衝動。這個情況是從他進入青春期的時候開始的，之後他在事業上取得成功，隨著前去拜會身處高樓層人士的次數越來越多，情況就變得越發嚴重。他是家中的么子，擁有許多兄長，明顯有被寵壞的傾向，後來他總算克服了大部分的跳樓衝動與心理障礙。

阿德勒在另一部著作中，曾提到一個年齡相異，但情況幾乎相同的案例。他們同樣都有想從窗戶跳下去的衝動，「但是，克服這樣的衝動，不就能重獲新生嗎？戰勝自己吧！」阿德勒如此說道。（《為什麼人會罹患精神疾病？》）

此人曾經如此回憶：

「第一天去學校的時候我害怕極了，在那裡，我看見一名看似朝人衝過去的男生，我雖然怕到快要昏倒，還是用盡全力，阻止了那個男生。」

這是一個人在恐慌中產生的死亡恐懼，阿德勒說這是透過恐懼的克服，來感覺自己成為了勝利者。阿德勒肯定他的行為：「此人口中的『但是』，恰恰是一種補償自卑的表現，具有多重意義。」

阿德勒也指出，這個人長大了卻還是跟小時候一樣，都用英雄主義式的相同方法來克服恐懼，這個方法就是「孩子氣的家家酒」，這就是他用來保護自我價值的「虛擬解方」。因為對死亡的恐懼而產生想從窗戶跳下去的衝動，想必就是從這裡衍生出來的，當你明白了這層關聯，這個做法就會成為沒有必要的存在了。

以上這些案例，點出的都是虛假的死亡議題。為了逃避人生的課題而害怕死亡，即使克服了這份恐懼，也無法真正避免死亡的到來。因為當你真正活在當下的時候，因面對死亡所產生的不安才是真正的不安，這才是你實際該面對的問題。

面對死亡的不安

就算解決了逃避人生課題的死亡問題，也完全無法改變人終將一死的事實。沒有人不會死，沒有人可以死而復生，也沒有人知道死亡究竟是什麼。

無視死亡是克服死亡恐懼的一種方法，但你心裡明白，人遲早都是要死的。然而，還是有人選擇裝糊塗不接受事實，也有人絕望到維持生活都變得困難。

若無法得知死亡的面貌，直到死之前都會感到不安，因為每個人都會害怕死亡，這也是理所當然的事情。念小學的時候，我經歷了祖父母和弟弟的死去，也初次知道世上有死亡的存在，一旦知道了，就再也回不去了。

如果死了的話，此刻活著的當下所感受的一切，所思考的事情，甚至是自己活在世上的事實都可能就此消失。然而，周遭的大人，包括我們的父母，他們卻像是死亡不曾存在般地生活著，完全沒有害怕的樣子。這種情況教我難以接受，也成為我後來學習哲學的原因之一。

無法得知死亡的本質，就不知道它究竟可不可怕，人之所以會害怕死亡，是因為明明一無所知，卻自以為了解死亡。為了克服對死亡的恐懼，為了明白死亡的意義，我們開始探究死亡，正如蘇格拉底對柏拉圖說的那樣，「死亡是至善之物」也說不一定。（《蘇格拉底的申辯》）

就這點來說，我們無法斷定死亡是可怕的，所以必須勇敢面對，不能逃避。帕斯卡曾說：

「人類不過是一根蘆葦，是大自然中最為脆弱的。」（《思想錄》）

人類是宇宙中最弱小的存在。

「但那是一根會思考的蘆葦。」（同前述作品）

「思考的蘆葦」是什麼意思呢？

「就算宇宙將他壓垮，人類也會比殺死自己的事物更加高貴，原因正是人類知道自己會死，知道宇宙更具優勢，而宇宙卻是無知的。」（同前述作品）

「人類知道自己會死，知道宇宙更具優勢」，這份自覺正是帕斯卡所認為人類的高貴之處。

這份「終將一死之人」的自覺，並不是把「人終將一死」當作一般的認知。

就算想著自己總有一天會死，也有人把死亡當作「別人家的事」，「認為只有自己不會死」來做為活下去的動力，但是當死亡降臨的那一天，那就再也不是「別人家的事」了。

生病或身受重傷的時候，這樣的經驗多少會讓人聯想到死亡，自己所愛的人死去時也是一樣的，你會察覺到，那個人對自己來說有多麼重要，如此一來就再也無法回到原來的認知，無法再將死亡當成「別人家的事」了。

此時，有人會開始拒絕接受死亡，佛經上記述著這樣的故事：「釋迦牟尼遇見一位名叫迦沙喬達彌的婦人，她剛學會走路的獨生子去世了，婦人飽受悲傷的折磨，釋尊對她說：『請去從未辦過喪禮的人家取來一顆白芥子。』迦沙喬達彌知道這裡沒有這樣的人家，因為每一個家庭都發生過死亡。」

三木清如此說道：

「當我們得知摯愛之人死去，或我們自身面臨死亡的時候，我們能否坦然接受死亡是所有人都必須遵循的自然現象？或是說，我們對難以戰勝的自然法則與不言自明的真理感到憤怒，所以才被逼得想要去克服。」（〈舍斯托夫的焦慮〉）

失去摯愛教人難以接受，這樣的經歷讓人感到憤怒，變得想克服自然法則，阿德勒成為醫生的原因就是想要「殺死死亡」（Manaster et al. eds,

Alfred Adler: As We Remember Him）。

所有的疾病，或多或少都會讓人預感死亡的到來。當自己生病時，對人生的看法就不得不改變，當然，也有人出院後又回到了過去的習慣，好了傷疤忘了疼。有些人一邊想像未來，一邊規劃人生，但在病床上突然得知自己可能小命不保，並幸運撿回了一條命之後，人生也會就此改變。人生有過困難經歷的人，其中或許也存在三木所說的憤怒之人，或深感悲傷的人吧。

例如曾經失去過家人，或曾親身面臨生命垂危的人，死亡已經不是「別人家的事」了，他們也會因此陷入未來不知會如何的不安之中。

當我們察覺到死亡的存在，在死前會感到不安，這就是畏懼死亡的表現。

沒有人知道死亡是什麼，自己死了之後會發生什麼事，或可從他人的死亡中窺見一二，但實際上仍是一無所知。但無論如何，我們都不該逃避死亡。

死的希望

他人的死是一種離別，就此從世界上消失，但並不是這個世界也跟著消失了，這就像與旅行的朋友多年不見一樣。但自己死去的時候，或許自己曾駐足的世界也會跟著消失，一切還歸於無。

可以確定的是，不論死亡是什麼樣的存在，你與死去的人都再也無法相見了。生者無法與死者相會，自己死後也無法再見到生者，但或許也可以這麼說，正因為不知道死後會發生什麼事，活著才更有希望。三木曾說：

「我對死亡恐懼的淡化，源自身邊與我死別的親友越來越多，真希望我能與他們再次相會——這是我最大的希望——但除非我也死了，否則那

是不可能的。」（《人生論筆記》）

縱使把壽命延長到百萬年之久，與死者再會的機率也是零；但死亡之後能夠見到他們這種事，就沒人能斷言機率也是零了。

哲學家森有正說道：

「如果不能把死者喚回來，就只能自己進到死亡中去尋找他們了，這麼簡單的道理為什麼我們不能明白呢？」（《在河畔》）

森的女兒過世了。

「今後，我要去哪裡才能見到我的女兒呢？」

「不斷前進，就能稍稍拉近我與女兒的距離嗎？但如果停下來，無論過了多久都無法走到女兒身邊，所以無論如何，我都要繼續走下去。」（同前述作品）

只要活著就無法與死者相會，若是死了就有了可能，雖然可能性也不是百分之百。雖然我們無法確定死後會是什麼樣的情況，但把生死當作一種連續存在的狀態，這種想法我認為是有問題的。

想了解死亡、透過能類比死亡的東西來「讓死亡無效化」，使對方看起來並「沒有」死去，藉此來接受摯愛的人死去的事實。死了只是從這一個人生轉移到下一個人生，而不是回歸於無，並當成是留下了某一種形式的存在。例如，有人認為可以借助靈媒的力量與死者溝通。

面臨死亡的人或與摯愛死別的人，他們渴望死後的「生命」，這種心情很容易理解。只要相信死亡的人依然存在，他們就能克服對死亡的不安，被留下來的人就能被治癒。但誰都無法保證，人在死後絕對不會消失，所以我不認為這種想法可以克服死亡的不安。

「讓死亡無效化」這種說法的問題在於，會讓一部分的人認為可以用死亡來逃避人生的痛苦。要把痛苦變成好事是不可能的，也無法讓人明白死後究竟會怎麼樣，但我深切希望，千萬不要將自殺當作解決問題的辦法。

前面提到的三木與森都抱持同樣的想法，他們以自己的死為前提來追求與死者的再會，這裡我們可以知道，生死之間有著絕對的阻隔，沒有人想要與活生生的死者相會。

不要判斷死亡的價值

就如同疾病與衰老，死亡也是一種「變化」，沒有必要對它進行好壞的價值判斷。

古羅馬皇帝馬可．奧里略[22]曾說：

「死亡與出生都是自然的奧秘。」（《自省錄》）

如果把死亡與出生都當作宇宙發生的自然現象，就能像看待出生一樣，不再為死亡感到悲傷。

也就是說，不畏懼、不悲嘆死亡的方法就是，將死亡看作一種「自然現象」，它就不會是一件恐怖或悲傷的事情了。不同於花期較長的梅花，當我們知道櫻花與牡丹開花時，說不定已經凋謝了。當然花並不是為了人才盛開的，就算盛開之後很快就凋謝了，那也不過是「自然現象」而已，它們不會為自己的命運感到悲嘆。

但人是愛惜花朵的，所以就更別提人的死亡了。不管死亡是什麼樣的存在，都會帶來離別，你不可能不對離別感到難過。交往過一陣子的人移情別戀，分手時都會十分感傷，更何況是從出生時就很親近的人，所以死亡是很悲傷的。

我們可以這樣想，死去的人不僅僅是消失而已，而是踏上了前往某地的遙遠旅程，即使剛開始會感到寂寞，但終有一天能夠克服。生前以某種形式深深連結的人死去時，會如同失去了自己的一部分，這也是為什麼這份悲傷會如此深刻的原因。

22. Marcus Aurelius Antoninus Augustus（一二一～一八〇），羅馬帝國五賢帝時代最後一個皇帝，於一六一年至一八〇年在位，擁有凱撒稱號，有「哲學家皇帝」的美譽。

為了逃離對死亡的不安

以下三點是我們必須思考的：

第一，即使不能明白死亡的性質，也無法知道死亡會以何種方式等待我們，但為了死亡而改變現在的生活模式是很奇怪的，假如死後的世界是虛無，死亡之後就是從世界上消失，那麼只要心存「命裡有時終須有，命裡無時莫強求」的想法即可。就算自己消失了，其他人依然會留下，如果面對死亡時必須改變一直以來的習慣，那只能說明以前的生活方式有問題。

其次，如果現在過著充實的人生，就不會只注意到死亡，人生中有許多事情等著我們去做，唯獨不必等待死亡，因為死亡是一定會來的。當死亡靠近時，不要呆呆地等，做好眼前的每一件事就好。

我在照顧父親時，總是對父親的死感到害怕與不安，父親罹患了失智症，海馬體不斷萎縮，但醫生說父親的壽命還很長。某天我突然有了一個念頭：「父親總有一天會過世，迎來人生僅僅一次的死亡。」這個自然湧生的想法，竟然使我感覺鬆了一口氣。

與戀人充實地約會、度過美好時光的人，就不會害怕下次見不到面。但那些不約定下次見面的時間就會陷入不安的人，雖然也度過了甜蜜的時間，內心卻存有太多雜質，只能不斷依靠邀約下次見面來尋求安穩。

但人生很可能沒有「下一次」，今天能夠在一起，不代表明天也能在一起，我們唯一能做的就是，不要區分「這次」與「下次」，好好享受當下共同度過的時間就好。

人生也是如此，活著的時候若感到滿足，死後會變得如何就不再重要了。誰也不知道未來會如何，但想做的事情太多，所以不需要等到明天，現在就開始將它一一完成吧。

這就是Energeia式的人生。在前面關於「疾病的不安」章節裡，我曾用這個說法來與Kinesis做對比。所謂「活著」就是指「生活」的方式，明天也不是今天的延伸，今天就只要好好活在當下即可。

還有就是，奉獻的感覺也能克服死亡的不安。

阿德勒表示：

「（人生）最後的試煉，就是年齡的增長與死亡，但透過培育下一代，或是創造文化上的貢獻來確保自己永恆的存在，就能克服對死亡的不安。」（《追尋生存的意義》）

阿德勒提到，時間是有限的，人終將一死，但若能為群體貢獻幸福，就不會從共同體中消失。他以養育孩子與成就的達成為例，來為這個論點做說明（Superiority and SocialInterest）。每個人留下的遺產都不相同，但同樣都能為後世做出貢獻。

西塞羅引用了《編年史》[23]中的詩句「為了造福下一代而植樹」

（《關於老年》）。現在播種雖然等不到開花結果的一天，但農夫們仍不遺餘力，完成自己的使命。

「若問農夫為什麼這樣做，相信不管年紀有多大了，他們都會這樣回答：『為了不滅的眾神，祂們希冀我繼承先人的遺產，並傳承給後世。』」（同前述作品）

農夫傳承給後代的決心，也會由子子孫孫繼續傳承下去。翻譯家中務哲郎說：

「書中提到的栽種，是指為了讓靈魂不滅，希望人們遵從的生活方式。」（《關於老年》解說）

我小時候愛吃柿子，還誇口要自己栽植，但實際上，我只是往住家附近的田地裡亂丟種子而已，而且既沒翻土，也不曾澆水。

23. Quintus Ennius（前二三九年～前一六九年）所著敘事詩，講述羅馬歷史。

當時我問祖母，「柿子什麼時候會長好？」祖母說等她死了之後，這是我第一次意識到死亡。當時的祖母還很健康，但很快就臥病不起了。後來那裡真的長出了柿子樹並開始結果，雖然不是我種的，但此時，祖母也已經不在世上了。

其實種樹不是必要的，就算沒有特別留下什麼東西，自己「曾經活著」這件事也會流傳後世，所以並不需要什麼特別的生活方式。

基督教思想家內村鑑三[24]說：「誰都能留下來，這說明了留給後世最大的遺產不是金錢、事業與思想，而是自己的一生。」

「如果要我找出一種任何人都能留給後世的遺物，我倒是知道一件有益無害的東西，那就是高尚而勇敢的一生。」（《留給後世的最大遺產》）

相信世界是由神，而不是由惡魔控制；相信世界充滿了希望，而不是絕望；相信世界充滿歡笑，而不是悲嘆……將這些信念當作人生的信條，將這些念想做為「送給世界的禮物」，然後再安詳離世。

在這個時代，對世界懷抱希望或許是一件很難的事。但做得到的人，一定是一個擁有信心的人，這種人就算遇到痛苦，人生也還是充滿喜悅的。

好好活著

我們無法得知死亡的面貌，也不知道剩下的壽命有多少，對於自己不能決定的事煩惱也沒有意義。阿德勒說：「為了生存而努力就好，因為生活困難的人已經太多了。」（《知人心理學》）

這麼一來，就不會去做超出自己能力範圍的事，或是執著於長命百

24. うちむらかんぞう（一八六一～一九三〇），日本明治時代的作家。

歲，只要專心面對人生的遭遇，將每一件事好好完成即可。

蘇格拉底說：「能活多久不是問題，不要執著於生命。」或也可以這麼說：

「把這些都交給神，或女人口中那些所謂『無可避免的命運』，接下來，只要思考如何才能在剩餘的人生活得舒適就好。」（柏拉圖《高爾吉亞篇》）

「人終將一死」，這是必然的命運，將重心放在生活不是為了逃避死亡，而是為了讓人生更加充實，有了充實的人生，自然就不會對死亡感到不安。所以，沒有必要為自己無法改變的事情心煩不安，會在意死亡的人，人生一定過得不好。

蘇格拉底說：「只要思考如何才能在剩餘的人生活得舒適就好。」這也呼應了他的另一句話：「重要的不是活著，而是如何好好活著。」（柏拉圖《克力同篇》）

阿德勒說：「對我來說具有意義的時刻，就是我的行為對群體做出貢獻的時候。」（阿德勒演講集）

文中的「貢獻」與「好好活著」裡的「好好」，指的是相同的事物。從這裡可以看出，阿德勒確實掌握到蘇格拉底「重要的不是活著，而是如何好好活著」這句話的內涵。

但我的看法與阿德勒稍有出入。「行為」不一定要有貢獻，當然，有貢獻的行為仍然很重要。不過，人只要活著就能有所貢獻，這種貢獻有時是無形的，就像是年幼的孩子只要活著就能為他人帶來貢獻，這樣的貢獻能擴及群體，雖然肉眼看不見，卻能確實地感受到，相同的事情也會出現在大人身上。

什麼是死亡？

無論死亡是什麼，為了死亡改變活著時的生活方式，是很奇怪的一件事。只要人生過得充實，就不需要在意死亡了。

柏拉圖認為，死亡是靈魂離開身體的現象，但現代社會已經不再使用靈魂這個概念了。意外或車禍導致人失去意識，直到心肺功能停止，才算是死亡，但這只限於大腦這個領域，所以我們所謂的「靈魂」與「心」都不在這個範圍之內，因為死亡指的是大腦停止運作，意識完全消失。

阿德勒的理論不同於柏拉圖哲學或現代醫學，阿德勒稱自己開創的心理學為「個人心理學（Individualpsychologie, individual psychology）」，individual意思是指「不可分割（divide）」，阿德勒認為不能用「意識和無意識」、「感情和理性」、「身體和心靈」等概念對人進行分割，所謂的「個人心理學」就是把人當作一個完整個體來看待的心理學。

思考死亡之前，我們要先了解身體與心靈不可分割是什麼意思。這不代表心靈與身體是同樣的東西，阿德勒認為，心靈與身體都是生命過程的部分體現，彼此是互相影響的。

舉例來說，當你想拿起眼前的東西，如果你的手腳受到限制，那你就做不到這件事。甚至受傷、生病或衰老，也會帶來身體的不自由，並導致做不到的事情越來越多。

相反的，心靈也會影響身體，如果因為責罵而陷入沮喪，晚上可能因此睡不著甚至發燒，這種情況也是有可能出現的。

遭遇了重大災害會給心靈帶來極大的影響，尤其發生了違背自我意志的事情時，就會進一步傷害到心靈。例如身處「不殺人，就被殺」的戰場，為此生病也一點都不奇怪。或許有人可以不受動搖，但要完全不受影響、保持平靜卻是相當不容易的。阿德勒就是明白這件事，才會認為不能把創傷當作逃避人生的理由。

即使沒有遭遇災害或意外，疾病與衰老也會讓身體變得越來越不方便，身體的痛苦也開始會影響到心靈。阿德勒說：

「大腦是心靈的工具，不是起源。」（阿德勒演講集）

大腦是心靈的工具，也就是說，是心靈將大腦當成工具在使用，而不是大腦創造了心靈。這不只是大腦，身體也是相同的概念。

但阿德勒又補充說：「心靈並不是把大腦連同身體當作工具來使用，因為人是不可分割的，所以不能把心靈與大腦看作不同的東西。如同前述，心靈與身體都是生命歷程的體現，是從不同的面向來看待相同的生命，也因為是一個整體，所以不能稱之為『使用』。」

「不可分割的整體」指的既不是心靈，也不是身體，所以除了這兩者之外，還有一個概念可以使用，那就是「我」。不是心靈在使用大腦與身體，而是「我」在使用心靈與身體。

「我」是由「心靈（靈魂、精神、意識）」及「身體」構成的，身體也包含大腦，「我」使用心靈與身體，「我」就是不可分割的整體。

明白了這個定義之後，就可以接著往下說：

我＞心（靈魂、精神、意識）＋身體（＞大腦）＝生命

「我」是由靈魂（精神、意識）和身體構成的整體，所以就算身體因疾病、衰老、意外等理由受到損傷，我也不會因此變得不再是「我」。

有一位哲學家在戰爭中遭遇空襲，他的臉與身體被嚴重燒傷不省人事，躺在醫院好幾週。他臉上的傷疤就連孩子看了都覺得害怕，但無論臉變成什麼樣子，也不代表他不再是「他」了。

我的祖父也曾在戰爭中被燒夷彈波及，臉部嚴重燒傷，但就算身體受損了，也不會改變他是我祖父的事實。

隨著年齡增長，外貌也會產生改變。有些人會害怕容貌衰老，擔心身體機能退化，最終因為死亡而停止身體活動，但是這些事情都不會改變「我」的本質。

同樣的概念也能套用到心靈上，因為心靈的功能也會下降，舉例來說就像失智症。但就算忘記的事情越來越多，「我」還是「我」。我的父親罹患失智症後忘記了一切，但不代表他已經過世了。就算心靈消滅了，但「我」是不滅的，而且會一直留存下去。

心靈與身體會隨著死亡消滅，但我們身邊的人去世時，雖然心靈與身體不復再見，「他」的存在也沒有消失。

不過，「我」在使用心靈與身體時，究竟在扮演什麼樣的角色呢？答案就是：決定目標的人。人有自由意志，可以決定自己想做什麼。

做決定的是「我」，而不是心靈或身體，所以就算再怎麼飢餓，我還是可以把麵包讓給需要的人。即使心靈與身體會影響我，最終還是「我」來作主，如同前述，「我」會傾聽身體的呼喚，再決定「我」要怎麼做，就像感受到身體的異常時，「我」不會自欺欺人，而是會馬上就醫。

心靈與身體會影響決定，但也僅止於影響的程度而已，因為就算心靈或身體發生障礙，「我」也不會改變，只是心靈與身體的功能受損了而已。

不管受到什麼樣的限制，都不能影響「我」的決定，這就是人的「行動」與物體的「運動」本質上的不同。「我」對自己的一切作主，「我」是不滅的。

要解釋這個概念，可以試著想像一個用麥克風說話的人，當麥克風故障時，就聽不到那個人的聲音了，但故障的是麥克風，是麥克風的聲音傳不出去，但那個人並沒有停止說話。

死去的人也和生前一樣，不斷地說話，雖然我們已經聽不到、看不見，也摸不著了，但是他的存在並沒有消失。當我們偶然想起他以前說過的話，此時並不是我們在播放自己的記憶，而是與死去的人進行直接接觸。

這種論調可能會讓人誤以為是在討論什麼神秘的事情，但其實這只是我的生活經驗而已。這就像是讀書時，會同時感受到作者的存在；或收到信件時，雖然看不見也聽不到對方，卻能感受到寄件者的存在；或突然想起多年不見的朋友時，也會感覺那個人就在身旁。

對象若是作家，你可以不斷閱讀他的新作品，但作家過世後，就不會再有新作了。久違的朋友雖有相見的機會，但死者就不可能實現了。

無論是生者還是死者，能直接接觸到「他們」都是因為「他們」依然存在，這個存在不會被生死影響。

歐洲有句諺語說「人生苦短，藝術長存」，用拉丁語表現是「ars longa vita brevis」，「ars」是英語裡的「art」、希臘語則是「technee」，同時也是技術的意思。

這句諺語有兩種解釋：其一是人的一生太過短暫，不夠時間去研究藝術、學習技術；另一種更通俗的解釋是，即使人過世了，他的作品也會長存。

三木如此說道：

「原因與結果同樣重要，甚至重要性還可能超過結果。從自然法則來看，一個人的作品若能起死回生，我們是否也可以認為：這個人具有讓自己起死回生的能力？」（《人生論筆記》）

一般而言，比較作者與作品的生命，能夠留存的作品生命會更長，但三木卻抱持不同的想法。作品的藝術性與技術性既然能夠維持較長的生命，那麼失去價值的作品因為重新詮釋、死而復生時，我們是否能說，這個作品的作者擁有了「讓自己起死回生的能力」？

當我們希望柏拉圖的不死，可以超越柏拉圖作品的不滅時，那不過只是虛榮心作祟。事實上，我們也會盼望所愛之人能比他們的作品更加長存於世。（同前述作品）

三木認為，技術不單指物質上的生產，教育、人格塑造、制度建設也都是技術的一環，「人的所有行為都是技術的範疇」（《哲學入門》），遺留下的作品不只限於實物，人生的經歷也可以視為一項作品，內村鑑三也說過，這是留給後世最大的禮物。

但問題是，作品終有消逝的一天，故人的遺物也不可能永存。當記得死者的人也過世了，就不再有人記得死者了，從死者的角度來看，當自己的人生再也沒有人記得的時候，自己就不再是不滅的了。希望自己被永遠記得，希望自己活在某個人的心中，其實都是無法自己決定的事。

想要永遠記得逝去的摯愛是人之常情，但實際上這是困難且不可能的，摯愛死去之時，會感覺時間彷彿停止了，但人不能一直沉浸在悲傷裡，你還是要努力回到日常生活中。

就如同生病治癒之後，得到的關心會變少，人會逐漸忘記死去之人的事情，就算有時會在夢中相遇，但這樣的夢也遲早會消失。

阿索斯山面對愛琴海，被稱作聖山，中世紀時山上修建了二十座修道院，有許多修士們不斷在那裡禱告，希望幾個世紀以來，被取滅的王族靈魂能獲得安息（瑪格麗特・尤瑟娜[25]《東方綺譚》）。在高野山上，空海[26]也還活著，每天還有兩餐的供奉。

若將這種特殊情況略過不提，死者的人生就會以死作結，就算再難過，生者還是要繼續生活，隨著日子一天天過去，也自然會把死者忘記了。

死者會希望生者永遠不要忘記自己，卻不希望讓生者永遠無法放下悲傷，即使不能馬上克服悲傷的情緒，但死者若知道生者能夠恢復正常生活，不再感覺悲嘆，或許反而會更高興吧。

25. Marguerite Yourcenar（一九〇三～一九八七），法國作家。
26. くうかい（七七四～八三五），日本佛教真言宗開山祖師。

第八章

為了擺脫不安該怎麼做？

活出自己的風采

一旦遭遇到災害、事故、疾病，就無法從被顛覆的現實中回到原本的生活。雖然有些人似乎能從病痛中康復，回歸到正常的生活，並將記憶埋入遺忘的深淵，但他們其實只是靠著慰戲，假裝自己沒有在病痛中看見死亡。

義大利作家保羅．裘唐諾[27]曾說：「我無法接受自己在遭遇巨大痛苦之後，卻沒有學到任何東西。」（《在新冠疫情中的我們》）但要在生病及害怕生病所產生的不安裡，找到什麼意義的東西，我想大概就是可以改變對人生的看法。

安居的世界並非一切都不言自明，從意識到必須在一個新世界生活的時候，人就會開始對世界及自我保持距離。

三木提出「Eccentric」這樣的說法（〈舍斯托夫的焦慮〉），

「Eccentric」的意思就是「超出常理」，三木使用這個名詞來表達一種否定的思想，用「離心性」來詮釋這個概念。「離心」就是「（偏）離（中）心」的意思。

「離心」式的生活具有離開自然中心的特性，追求「確立以人類為主體的中心存在論」（同前述論文）。中心不是自然決定的，只是大家以為是自然決定的。

認為中心是不言自明的人，不會對常識性的價值觀產生懷疑，也不會質疑現在的生活是否有問題，「一切如常，理所當然的明天仍會到來，人生一目瞭然。」

當你對常識性的價值觀不抱懷疑的時候，會認為既然可以和社會和諧共處，就沒有必要用「離心」的方式生活。但是，當我們因某種機緣發現

27. Paolo Giordano（一九八二～），義大利作家，以第一部小說《質數的孤獨》獲得史特雷加文學獎。

人生的基礎就是「無」，就會知道人生中沒有一件事是理所當然的。

所謂「常識性的價值觀」，就好比說認為成功的人才是有價值的，努力學習、考好學校，是為了進入一流的公司……等等。

小時候如果對認真讀書抱持懷疑，大人們就會說：「現在先忍耐一下，等上了大學之後就輕鬆了。」但考上大學之後，就發現自己被騙了。因為，上了大學之後還是要繼續學習，進入職場之後也還是要繼續學習。很多年輕人開始意識到，即使努力讀書、犧牲現在，以換取美好的未來，但未來卻不是自己想像中的樣子。

人生不是在規劃好的軌道上前進的，而是人生的路線是靠自己造就的。在明白這件事之前，人生都是安穩的；但在發現未來必須靠自己來創造的時候，就會因現實而陷入不安。

這樣的不安是因為意識到，人生不是照著軌道前進時所產生的，換句話說，沒有這種不安的人，通常會認為自己可以看見前方的人生。如果人生沒有軌道的話，也就代表不存在必須遵守的常識，因為人生是「離心」的，不該由他人來幫你決定。

三木說：

「『離心』是人生的特徵，因此，自古以來人們都提倡中庸，說服大家遵循適切的日常道德。」（同前述論文）

不想「適切」地生活，是因為沒有理由說我們不能「離心」地生活。有許多人認為，年輕人一旦成功就立刻選擇退休，這樣的人生實在太可惜了，但實際上，他們是羨慕年輕人可以隨心所欲地離開，因為他們根本脫離不了常識的束縛，沒有勇氣這樣生活。

我認為，能在僅有一次的人生中，貫徹信念的人非常了不起。不斷改變人生前進的方向也沒有什麼不可以，人生只有一次，所以要照著自己的喜好來過，不要為了滿足他人的期待而活。

然而，有些人自己不敢過「離心」的生活，所以，當他們看見別人可以這樣過的時候，就想方設法要去阻止對方實現。

三木對於Träumer[28]是這樣說的：

「世上那些聰明人總是親切地對我說：『你是一個夢想家，但夢想一定會因絕望而破滅，要活得現實一點。』我當時年輕，還缺乏經驗，但我回答說：『我什麼都不知道，只是抱持一顆純粹的心在追求夢想罷了。』」（《不言而喻的哲學》）

「世上那些聰明人」要三木認清現實，不能活得如此「離心」，但擁有純粹心靈的人總想要追求「離心」的生活。

問題是，隨著年紀漸長，夢想家也會變得現實，不知從何時開始，也會想去阻止其他想追求「離心」生活的人。變得現實的人，看待人生的方式並沒有比較正確，他們不過是失去了夢想，想從「離心」的人生中，逃進「安全」的人生裡而已。

選擇與眾不同的生活方式，有時會讓人感到不安，在別人安排好的軌道上前進，會感覺比較安心，因為走投無路時，可以把錯怪罪到別人頭上。相反的，自己選擇的道路，自己就要負起全責。

但是「離心」的生活方式因為偏離主流，不僅「確立了人類的主體中心存在論，也確立了人的自由」。（同前述論文）

如同前述，在現今的時代裡，許多人都是Uname（無名）、Amorph（無形），以及沒有個性、失去性格的普通人，這樣一群抱持相同價值觀的人，是過不了「離心」生活的，因為「離心」就是為了取回自我的個性。

抱持反抗他人期待的勇氣

之所以需要用「離心」的方式生活，是為了擺脫「他人的期待」與

28. 德文，夢想家的意思。

「名為世間的中心」。

三木說：「我們的生活建立在期待之上。」

接著又說：「違背他人的期望是一件比想像更困難的事，但我們有時要有勇氣，徹底反抗他人的期待。」（《人生論筆記》）

期待這個行為具有「魔術般的力量」，能約束其他人的作為。有些人總想著能做些什麼來滿足別人的期待，但也有懂得察言觀色的人，仍然勇於做自己，把真正該做的事情貫徹到底。

在決定人生方向的時候，這明明是自己的人生，卻有人會照著別人的期待而活，不管升學的目標，或是選擇結婚的對象，都可能遭到父母反對。

常常有人問我，婚事被父母反對時該怎麼辦？我告訴他：「自己的人生要自己作主。」但他卻反駁說：「若被父母反對還堅持結婚，這不就失去了結婚的意義！」

如果沒有「反抗他人期待的勇氣」，那會怎麼樣呢？

首先，你會失去自己的人生。三木說：「迎合世間期待的人，往往最後也會失去自我。」

即使被父母反對，也要貫徹自己意志的人不會迷失自我。有些人不是活在自己的人生裡，而是活在別人的生命中，所以自己無法做出決定，只能照著他人的期待前進。這在親子關係中十分常見，孩子相信，聽從父母的話會更安全，就此邁向成功的人生，這樣的孩子沒有了自我，也只能活成父母的形狀。

其次，想要迎合世間期待的人，無法去做真正應該完成的事。例如，在職場上必須揣測主管對自己的期待，又或者必須會察言觀色，上司命令下屬隱瞞公司的不正當行為或要求說謊時，沒有拒絕的勇氣。到最後，即使上司不開口，自己也會識相地不去告發，這樣的部下只會考慮明哲保身，認為違抗上司、伸張正義沒有好處，於是就被上司捏得死死地。

「控制下屬最好的方法，就是向他們灌輸出人頭地的意識形態。」

把出人頭地當作人生中最重要的事，再以晉升做為報酬，下屬就會聽從上司的命令，不服從就會被冷落，所以只能學會察言觀色、順從長官。就算幹的是不正當的行為，被批判也無所謂，因為只要能夠往上爬就好。

三木說：「優秀的人才最終也只能度過平凡的一生，這就是其中的一個例子。」如果活得庸庸碌碌倒也罷了，為了保護自己而放任不法的情況出現，那就會對別人造成傷害。任何一個只懂得考慮自己的人，就算他再怎麼優秀，也只會對這個世界造成傷害。

違背別人的期待並不容易，但在前面的例子中，就算滿足了上司的期待，但是當不正當的行為曝光之後，自己又會被世人如何看待？這樣的想法也會讓人產生不安，為了不要陷入這樣的不安，我們需要擁有反抗上司的勇氣。

活在自己的人生中

對世間的常識抱持懷疑，開始獨立思考、選擇自己人生道路的人，在別人眼中就是「離心」。而沒有勇氣反抗他人期待的人，會以父母為起點，擔心一旦唱反調就會被周遭的人當成異類，陷入害怕孤立的不安。

不光是他人不一定正確，就連父母也可能犯錯，當孩子想活在「離心」的生活中時，父母也會按照社會常識來反對。

雖然只要配合他人就不會被孤立，但壓抑自己的想法、把該說的話吞回肚子裡，也就失去自己的人生了。

某個在當兼職家庭教師的高中生對父母說：「因為是我的人生，所以請讓我自己做決定。」這個反應讓父母十分吃驚。但就算父母幫孩子打理好一切、規劃了未來，發生問題時，父母也無法替孩子負責，因為這是孩子自己的人生，只能自己扛起責任。

不反抗父母讓親子關係看起來良好和睦，但也只是表面而已，這樣的牽絆不是真正的羈絆。我並不是說一定要讓親子間發生爭吵，但如果其中一方或雙方都認為孩子應該順從父母的話，那孩子就算心有不滿也無法說出口。

不只是親子關係，職場上如果有人質疑公司的方針是錯誤的，就會破壞公司的整體感與一致性，但比起質疑方針，想揭發公司的不正當行為更要抱持破壞公司和諧的覺悟。

真正的發怒

不只是職場上的不正當行為，這個世界上還有許多不合理的事情，有些人會擔心若表達出不滿，在職場上會被孤立並陷入不安。

三木說道：

「人類的惡都源自無法忍受孤獨。」（《人生論筆記》）

父母責罵孩子，上司訓斥下屬，此時產生的憤怒情緒屬於「私憤」，這會導致人際關係的惡化，也無法解決問題。具有立即性的斥責與恐嚇雖能馬上讓對方停止問題行為，但過不了多久，相同的事情又會一再出現。

不該做的事，不用挨罵也知道不能做，但被罵的時候會產生反抗情緒，有時會讓人更加故意去做那些有問題的行為。被斥責後還是一再做著相同的行為，是因為憤怒這種情緒雖有「立即性」卻沒有「效果」，如果發怒具有效果，那訓斥之後對方就不會一犯再犯，反之就代表這個做法完全無效。

三木否定這種情感上的憤怒，但不否定對不公及侵犯人類尊嚴時的憤怒，因為這是「公憤」而非「私憤」，三木對於「公憤」如此形容：

「正義感所顯露的是對公眾利益的追求，正義感比任何人更加公憤。」（〈關於正義感〉《三木清全集》第十五卷收錄）

真正憤怒的人不畏懼孤獨。

「真正體會孤獨的人，才能真正體會憤怒。」（《人生論筆記》）

看見不講理、不合理的事情時，能嚴正拒絕不正當的行為，就會像之前說的，失去整體感與一致性，並與他人產生摩擦。感到公憤而提高音量時，可能就會引起反感而被孤立。但若因害怕孤獨而選擇沉默，就算維持了群體的和諧，不正當的行為也會繼續蔓延，進而導致群體生病。

內心有善惡標準的人，不會畏懼別人的眼光，即使因為與他人想法不同而孤獨，也能理性判斷不合理的事情，所以不會被現場的氣氛吞沒，也不會為了明哲保身選擇沉默，被上司要求說謊時，即便遭受威脅也絕不動搖。

我們也不能對政治漠不關心，新冠病毒不是人類的敵人，但如果不拿出對策，防止疫情擴散，就無法回到安穩的生活。但政府對傳染病的處理就是沒有對策，一想到疫情不知道會如何演變，我們就只能陷入不安。雖然對政治的看法因人而異，但政府的束手無策已經造成了實際的傷害，所以我們不能再隔岸觀火了。

此外，與其說是政府束手無策，還不如說是有人想利用疫情來擴大開發，謀求利益。在這種情況下，正義也會使人對外表現出「公憤」的憤怒。

情感上的私憤會拉開人與人之間的距離，用憤怒的情緒來壓制對方時，對方只會因害怕而停手，但藉由討論的方式才能讓對方接受你的想法，就算不同意，最多也只會用沉默來回應你。若自己的想法是正確的，以憤怒做為手段只會引起多餘的反抗，進而導致自己漸漸被孤立。

另一方面，公憤則可以將人與人連結在一起，因為不公義的事情不會完全與自身無關，許多人都期望有人能站出來發聲，所以不會因此孤立無援。先前在社交網路的議題上曾說過，對於不正當行為的聲討很容易就會擴散開來，即使素昧平生，彼此也會互相支援。

認為政府政策是錯誤的人會在網路上出聲抗議，有時甚至能推翻政府的決策，雖然並不是每次都能成功，但正是這種團結的行為，讓我們不再感覺被孤立。

將人生看作一場旅行

「將人生當作旅行，正是做為人類所展現的離心性。」（同前述論文）

只要明白「我們立足於虛無之上」，就會知道現實是會被顛覆的，世界是不能長久安居的，我們就像個「異鄉人」，不斷在往下一個新世界前進，這也正是人生與旅行相似的地方。

立足於虛無之上，理解過去無憂無慮的生活已不復存，前方的人生充滿著未知，然後必須在這個如同狂風暴雨般的新世界中活下去。

旅途伴隨的不安反而更能振奮內心，這不同於上學或工作這種具有明確目的的行動，旅行能將不安與期待的心情融合在一起。三木說道：

「我們常說人生就像旅行，我們不必引用松尾芭蕉[29]〈奧之細道〉中的名句，也能擁有真實的感受與體會，因為我們對人生與對旅行所抱持的情感是相通的。」（《人生論筆記》）

人生於世，最初是毫無自覺的，直到遭遇了意外的挫折，決心擺脫周旋在工作與求學的日常生活，開始了自己的旅行，從此就再也回不去原來的世界了。

工作與求學時只講求效率，就算是到外地出差，不管會在那裡待上幾天，也不會在工作時跑去觀光吧？

旅行的目標不是到達目的地，旅行從出門的瞬間就開始了。雖然還是

29. まつおばしょう（一六四四～一六九四），日本江戶時代前期的一位俳諧師的署名。

會決定前往的目的地，但就算最終無法抵達終點，也依然完成了目標，因為這個過程就已經是在旅行了。

我們不僅可以中途改變主意下車，也可以在任何地方停留，就算超出計畫的時間，甚至也可以早點結束回家，因為旅行不是一件急迫的事情，所以突然改變計畫也是沒有問題的。

若是將人生看成一場旅行，就能深刻感受到，旅行的時間與平常的時間，它的流動速度是截然不同的，因為它是以全新的價值觀感在進行的一場生活。

擁有起點，存在終點，這都不算說是旅行。旅行是一個連續的過程，眼中只有目的地、無法體驗過程的人，絕對無法了解旅行真正的樂趣所在。（同前述作品）

擁有過程才能稱作旅行，無法體驗過程的旅途，或是想尋求某種意義與目的，這些都是錯誤的。

旅行的樂趣在於「逃離平常的生活」（同前述作品），這不同於世上活在常識裡的多數人，活在「離心」中的人生活常伴隨著風險，所以身邊的人，特別是父母，往往會反對孩子選擇這樣的人生。

但實際上，反對的人往往也渴望「離心」的生活，嚮往能「解放乃至逃脫的感受」，因為只要自己還活在原來的世界裡，就無法擁有這樣的感受。

這種「解放乃至逃脫的感受」，往往伴隨著其他情感。三木說：

「所有旅人都有著漂泊的情感。」（《人生論筆記》）

漂泊是沒有目的地的，因為人生的終點是死亡，我們不能把死當作目的地，因為人生不是為了死亡而活。古希臘人認為，「世上最幸福的事情是不曾出生到這個世界，第二幸福的事情就是出生後很快死去。」

柏拉圖說：

「不論何種生物，只要活著，就是以痛苦為起點。」（《厄庇諾

米斯篇》）

人生確實有許多的痛苦，但這種說法我想應該很難教人認同。

雅典的政治家梭倫[30]曾說：

「人活著就要盡量去看自己不想看見的事物，經歷自己不想遭遇的事情。」（希羅多德《歷史》）

坐擁呂底亞王國巨大財富的國王克羅伊斯問梭倫：

「來自雅典的客人啊！我們聽聞你為了追求智慧與知識，遊歷了許多地方，因此我想問你，你見過的人當中最幸福的是誰？」

此時，梭倫給他的答案是克琉比斯和比同[31]這對兄弟。

有一次，他們想帶母親去參加赫拉女神的祭祀，本來應該讓母親乘坐牛車，但因為牛要耕田所以只好作罷，結果就由兄弟拉著牛車帶母親前往。

母親向神祈禱，希望神賜給孝順的兒子們世上最好的東西，在祭祀與宴會結束後，在寺廟中睡著的兩兄弟就再也沒有醒過來。

克羅伊斯對於這個答案非常失望，他覺得對孝順的孩子來說，英年早逝並不是一件好事。人生雖然會經歷許多許多的痛苦，也讓人想要逃避，但也正是因為這些痛苦，才使人體會到幸福的可貴。

林京子曾對長崎核爆如此寫道：

「十四歲就過世的朋友們，未能經歷美麗的青春，被強壯溫柔的臂膀擁抱。我好想讓你們知道，戀愛的甜美與痛苦。」（《漫長的人生體驗》）

人生的目的地絕不是死亡，沒有人會想提高抵達死亡的效率，這跟旅行一樣，問題在於如何經歷這個過程。三木接著說：

30. Σόλων（約前六三八～前五五九），生於古希臘城邦雅典，出身於沒落的貴族，古希臘七賢之一。
31. Kleobis and Biton，是希臘傳說中的兩個人物。

「我們無法得知人生究竟要前往何方，這是一個未解之謎，人生總是朝著未知漂泊。」（三木、同前述作品）

無法知曉、無法形容目的地的情感，就是一種漂泊的情感。如果每個人都全知全能，就不會想去旅行了。人生以死亡告終，只有這件事是確定的，但你不需要知道死亡是什麼樣子，不必知道它何時到來。

未知的不僅僅是死亡而已，人生的過程會如何變化、有什麼樣的意義，我們也都無法得知，正因為如此，不安才會從旅程起點就一路伴著我們前進。

這種不安是因未知而產生的情感，如果沒有這種不安，那是因為你認為自己能看見人生即將發生的事情。

雖然看不見未來會讓人不安，但也因此能為人生帶來轉變。

「人生既漫長又匆忙，路途既遙遠又短暫，時時刻刻，死亡會突然在我面前出現，但也就是這樣的人生，才讓我們無法停止心中的夢想。」

（同前述作品）

工作與求學時，我們都盡可能地、想用最高效率完成目標。但旅行時最重要的東西是過程，而不是抵達終點，即使在距離目的地依然遙遠的地方旅程就結束了，也不能說是死不得志。

人為什麼可以堅持夢想、永不放棄呢？因為若是知道未來即將發生什麼事，就無法再懷抱夢想了。

在規劃好的軌道上前進，同樣也是無法擁有夢想的。依循常規的價值觀而活，就不會出什麼大亂子，選擇跟多數人相同的生活方式，就不容易迷失方向。

但我認為，活在那樣安全的人生裡是沒有意義的。當發生災害、意外以及疾病的時候，你就會知道，再安全的地方依然可能存在危險，就算還沒有過那樣的體驗，但人生也不是我們能夠完全掌控的。

曾有國中生跟我分享過他的人生規劃，雖然他沒有自大到希望考上超出能力範圍的大學，卻決定要在二十五歲時結婚，這嚇了我一跳。升學考試只要願意努力，還是有考上的機會，但結婚就需要先找到對象，就算有喜歡的人也可能被拒絕。

面對未知會感到不安，為了擺脫不安，就想要知道未來會發生什麼事，或是想要能控制住局面，從這個角度來看，比起活在安逸中的人，不安的人會更了解人生。

曾有年輕人說，一想到接下來的四十年，自己的人生都會過著同樣的生活，就感到痛苦不堪，想要自殺。但不要說四十年了，明年會發生什麼事情我們都無法預料，所以認為接下來的四十年將毫無改變，這實在令人訝異。例如，就算考上了好學校，進了好公司，也難說不久後公司可能就倒閉了。

雖然對生活沒有什麼不滿，但還是會感到有所不足，我們都是帶著同樣的想法，持續過著隱約感到不安的生活吧。

會認為自己已經把人生看透了，是因為沒有經歷過挫折，但現在沒有經歷過挫折，不代表人生就會一帆風順，別忘了還有生病這種個人的磨難，也可能遭遇災害、意外、疫情這種天外飛來的橫禍。

人生，真的不知道下個瞬間會有什麼事情發生？一想到這裡，不安就開始擴散。但正因為未來是不確定的，我們才能繼續擁抱夢想，成為生命中的夢想家。

如果我們把對未知的不安，視作漂泊中產生的一種情感，那相較於一成不變的不安，這份對於未知的不安，更能為我們的人生帶來意義。

凝視不安

齊克果說：「不安是自由的眼睛。」

「如果有人偶然窺見張著血盆大口的深淵，必會感到頭暈目眩才

是。」（《不安的概念》）

為何會感到頭暈目眩呢？齊克果認為，可能是來自深淵本身，也可能是因為深淵也在凝視著你。

「如果說，從一開始就不要凝視深淵的話，這些情況就不會發生了吧？」（同前述作品）

齊克果說：「不安是一種反感的共鳴，也是共鳴的反感。」（同前述作品）

凝視深淵的底部，就會被墜落的不安驅動而感到頭暈目眩，你越是不想靠近，就越會被恐懼的好奇心吸引，這就是「不安是反感的共鳴，也是共鳴的反感」的意思。

齊克果說：「在孩子的眼中，我們一眼就能看出他們對冒險、未知、神秘的事物滿懷憧憬。」（同前述作品）

「這樣的不安是孩子的一種本質，也是不可或缺的要素，即使他們感

到不安，那也是一份甜蜜的煩惱，掌握了自身的童心。」（同前述作品）

冒險中的孩子雖然會感到不安，內心卻是雀躍的，大人或許覺得，只要不去冒險，就不會遭遇危險或對未知感到恐懼，但孩子的心是關不住的。

煩惱該如何向暗戀對象告白，也會讓孩子產生「甜蜜的不安」。雖然只要擁有自信就不會感覺不安，但一想到告白失敗的風險，不安就隨之而生，並讓人開始猶豫：是否放棄告白就不會感到痛苦了？

面向深淵一躍而下

高空彈跳會讓人感到不安，是因為可以選擇跳或不跳，如果我們選擇不要跳下深淵，也就不會感到不安了。

在生命的過程中，面對深淵有時會讓人恐懼到動彈不得，突然出現的災害與疾病，就像深淵猝不及防地出現在我們腳下一樣。但阿德勒認為，不安有時也會成為我們面對困難時的力量。

選擇與多數人相同的人生，乍看之下十分安全，但意外發生時，就可能會有深淵乍現的體驗。走上多數人選擇的道路，未來看似可以預測，實際上即便遵循相同的抉擇，結果也不盡相同，一旦有預料之外的事情發生，就容易陷入僵局。

如果父母的工作是老師，有時孩子反而很早就會下定決心不當老師。雖然老師的工作非常重要，但每天都要加班到很晚，回家後總是疲憊不堪，這副模樣會讓孩子產生猶豫。如果身邊沒有在當老師的親友，就不會知道這些情況，一旦知道了，他們可能就不想當老師了。

孩子總想選擇自己從未想像過的人生，這會讓父母深感不安，並想阻止他們。當孩子說出想要退學的時候，高學歷的父母根本無法想像，一個只有中學學歷的人未來究竟該怎麼辦才好，所以會試圖說服孩子至少要讀到高中畢業。因為多數的父母相信，讓孩子選擇與其他人相同的發展會比較安全。

但若以成功的人生為目標，希望經濟上能過得寬裕，現實中也不一定安全，因為就算可以看見生命的藍圖，也可能無法順應自己的理想，勝任從事的工作，或因生病不得不辭職，屆時就會立刻陷入絕境，被逼得走投無路。

即便能夠平穩地迎向老年，如果沒有滿足內心真正的渴望，開始對人生產生後悔的話，也同樣會讓人陷入絕望。

有些人的生命看似如履薄冰，每一步都在「冒險」中前進，但借三木清的話來說，這個「冒險」指的是：「『離心』的生活方式，就是脫離常規的價值觀。」（〈舍斯托夫的焦慮〉）

「離心」的生活經常會面臨深淵，此時只要凝視深淵，鼓起勇氣，一躍而進就好。或許這會讓人感到不安，但只要不必再去滿足他人的期待，生命不再受到限制，就是活出自我、擁有自由的證明。

放開緊握的手

哲學家第歐根尼[32]是犬儒學派[33]的代表人物，並繼承了蘇格拉底的思想。第歐根尼一無所有，日復一日在酒桶中生活，他平時都是用碗喝水，直到有一天，他看見一個小孩用手捧著河水解渴，於是說道：「我輸給那個孩子了。」然後就把碗也丟了。（第歐根尼．拉爾修《哲人言行錄》）

生病時會讓人感到不安，是因為你「擁有」什麼，因為害怕失去你所「擁有」的東西，所以才會陷入不安。

那麼，只要將一切都放下不就好了嗎？曾有人問耶穌說：「如何才能得到永生？」耶穌告誡他：「不可殺人，不可姦淫，不可作偽證，不可偷竊，要敬重父母。」

那個人回答耶穌：「這些事情我們從小就開始遵守了。」

「還有一件事做得不夠，將你身上的東西賣掉，施捨給窮人吧。」那個人的臉上一沉，悲傷地離開了，因為他是個大富豪。（《馬可福音》）

耶穌要他賣掉的並非有形的財物，其他的告誡也只是在批判那些，為了得到永生，表面上遵守戒律的人。

再回到第歐根尼的故事，這個故事不是在勸你捨棄擁有的一切，而是要你放棄對東西的執著，得到自由。

馬其頓的亞歷山大去找第歐根尼時，一如所見，第歐根尼捨棄了生活中一切的必需品，過著自給自足的生活。亞歷山大即任王位，擔任征討波

32. Διογένης（約西元前四一三～西元前三二三），古希臘哲學家，犬儒學派的代表人物。活躍於公元前四世紀。

33. 古希臘一個哲學學派，由蘇格拉底的學生安提西尼創立，該學派否定社會與文明，提倡回歸自然，清心寡欲。

斯的總司令時，許多政治家與哲學家都向他道賀，但柯林斯的第歐根尼卻不把他當一回事，於是亞歷山大親自跑來柯林斯見他。

當時第歐根尼正在曬太陽，旁邊還圍著不少人，他站起身，目不轉睛地盯著亞歷山大。亞歷山大向他打了招呼，問說：「有什麼需要嗎？」他回答：「能閃到一邊去嗎？你擋到陽光了。」

年紀輕輕就身領重兵，來到日光浴場的亞歷山大問第歐根尼是否有什麼需要，但第歐根尼的回答卻十分無禮。可是，亞歷山大卻為第歐根尼的驕傲與偉大深深折服，並且說道：「如果我不是亞歷山大，我希望可以成為第歐根尼。」（普魯塔克[34]《希臘羅馬名人傳》）

一方是偉大的帝王，一方是一無所有的哲學家，亞歷山大打從心底，對視權威為無物的第歐根尼深感佩服，甚至還想成為第歐根尼般的人物。第歐根尼也許覺得亞歷山大也可以跟他一樣，但亞歷山大不得不遠征東方，最終無緣再踏上希臘的土地，並在三十四歲的時候逝世。

許多人相信，想得到幸福就要達成某些成就，對亞歷山大來說，他的成就就是征服敵人。除了成就偉業之外，也有人以考上名校、在一流企業任職為目標，但第歐根尼告訴我們，一無所有也可以得到幸福。

這樣的生活方式就如同之前提到的「離心」觀，所以，就算世人覺得第歐根尼說不定真的過得很幸福，但也沒有勇氣選擇這樣的人生。

評論家加藤周一[35]說過：

「一九六〇年代後期，抗議越戰而聚集到美國華府的『嬉皮』與武裝的士兵對峙，一位坐在地上的女孩向面無表情的士兵遞上了一朵小花，這個世界上再也沒有一朵花比它更加美麗。那是聖．修伯里[36]筆下，《小王子》的主角最喜愛的小玫瑰；也是《聖經》中，與所羅門王的富貴相匹敵

34. Πλούταρχος（約四六～一二五年），羅馬時代的希臘作家。
35. かとうしゅういち（一九一九～二〇〇八），日本的評論家和作家，以其文學和文化作品而聞名。
36. Antoine de Saint-Exupéry（一九〇〇～一九四四），法國作家、飛行員，生於里昂，以著作《小王子》聞名。

的野百合。」（《微小的花朵》）

一方是史上最強大的軍隊，一方是手無縛雞之力的弱女子，她一無所有，卻打動了整個軍隊的心，感到無力的究竟是哪一邊呢？

人類就像這些武裝的士兵，害怕讓別人看見真實的自己，不讓任何人靠近，想讓自己看起來更好。這樣的態度其實源自於自卑，也沒有任何意義，因為，一朵小花就能瓦解人與人之間的警戒。

珍惜真正的朋友

有人會用不安來「武裝」自己，這樣的人同樣害怕敞開心扉，阿德勒說：

「不安會讓人生變得無比痛苦，將自己封閉起來，並讓人無法安穩生活，讓行動失去成果。」（《性格心理學》）

將自己封閉起來，就是在斬斷人際關係，一旦斷絕了與他人的聯繫，又會發生什麼事呢？

「無法安穩生活，讓行動失去成果。」（同前述作品）

人際關係雖然是煩惱的根源，但透過人際關係的建立，才有可能得到安穩的生活以及有成果的行動。你不可能一開始就與所有人打好關係，雖然逃避人際關係可以避免發生糾紛，但如果陷入孤立，就無法取得「安穩的生活」。若將不安當作逃避人際關係的理由，開始斬斷你的人際關係，人生就會開始充滿「無盡的痛苦」。

但是，所謂人際關係的建立，不是說每個人都要成為知己。現代社會有許多人開始以朋友的數量為榮，相互比較社交網路上誰的追隨數更多，結果反而出現因為朋友太少而不安的人。

阿德勒表示，所謂的「夥伴」，是將人與人聯繫在一起的意思，與數量沒有關係。高中的時候，母親擔心我沒有朋友，跑去找我的導師商量，老師卻說我「不需要朋友」。老師這裡說的「朋友」，指的是一起玩樂的狐群狗黨，這樣的朋友無論人數有多少，發生事情時都幫不上忙。有句英文諺語說「A friend in need is a friend indeed（患難見真情）」，這樣的朋友就算只有一個就已經足夠了。假如現實中沒有這樣的朋友，也害怕向別人展現自我，那只要相信，遲早會有人願意接受真實的自己，那麼人生就不再充滿「無盡的痛苦」了。

如果你正在面對自己無法解決的問題，請一定要向這樣的朋友求助。如果你自己能克服卻要求助他人，這可能會有過度依賴的問題；但如果自己克服不了卻不打算求救，那可能就會演變成更嚴重的問題了。

不安可以通過與他人的聯繫消除

在思考疾病的不安時，我認為患者必須將醫生當成「夥伴」。

阿德勒說：

「想要消除不安，就要在共同體中建立聯繫，只有意識到自己歸屬於他人，人才不會活得不安。」（同前述作品）

「歸屬於他人」這個說法有點難理解，正確來說，應該是「由他人組成的共同體」。歸屬在某個共同體是一種人類的本能，最小單位的共同體就是「我」加上「你」，或是歸屬於其他的個人也可以。

在醫病關係中，共同體是由「醫生」與「患者」組成的。當病人對這個共同體有了歸屬感，就會積極配合治療，也就有了「活下去的勇氣」，有了這份勇氣，就可以消除不安。

但並不是因為害怕被孤立或被排擠，才想去建立這樣的關係，這種關係也不一定非要是現實中的共同體不可。例如，對現實中不合理的事件發聲，就是一件非常需要勇氣的事情，只要勇敢站出來，就會有支持或聲援你的人，如果自己能與這些人成為共同體，就能消除害怕被孤立的不安，共同體就是建立在有相同的目標或志趣之上。

從聲援者的立場來說，可以感受到大家一起合作的真實感，藉此擺脫認為世界無法被改變的不安。

人與人聯繫（Mitmenschlichkeit）在一起的情況，阿德勒稱之為「共同體感覺」，這種感覺不是從天上掉下來、自動就會出現的。因政府怠忽職守，導致新冠疫情蔓延的現在，明明什麼對策都沒有，卻呼籲國民「請先自助，若情況惡化再靠團結的力量克服」，這絕對是錯誤的反應。

不要說是政府了，災害來臨時，人類本來就會彼此幫助，雖然此刻陷入了嚴峻的挑戰，但只要感受到彼此的聯繫，不安就能消除。

但是，國家與政府是不同的。真正熱愛國家的人會在必要時批判政府，愛不是無條件接受對方的一切。但奇怪的是，現在不說愛反而指出對方錯誤的人，反而會破壞彼此的關係，若是如此，那此刻就算有再好的關係，遲早也會決裂。

就算批判會導致國家分裂，但真正的聯繫，必須超越這樣的不和才能產生。

希望可以從其他人身上獲得

三木說：

「我無法失去對未來美好的希望。」（《不言而喻的哲學》）

三木不是說不會失去希望，而是說無法失去希望。為何他會這樣說呢？因為希望是他人給予的。

「人格主義的基本邏輯就是，自己的東西是無法失去的，甚至情況剛好是相反的，因為自己的一切都是別人賦予的，所以才無法失去。」（《人生論筆記》）

就算覺得自己孤立無援，每個人都還是生活在與他人的聯繫之中，除非有意外發生，否則很難有所察覺。而在陷入困境時，就會留意到身旁的夥伴與幫助自己的人，此時的希望就是由他人所給予的。

三木這樣寫道：

「只要心存希望，人類就能忍受任何苦難。」（〈心存希望〉《三木清全集》第十六卷收錄）

或許有人會認為這太過樂觀，但也確實有人真切感受過這樣的希望，就像生病時別人賦予的希望，就能幫助我們脫離絕望。

想要察覺自我的價值並不容易，透過成就的達成來證明自我，這樣的人會在生病時發現自己失去了價值，而在住院之後，當家人及朋友急忙趕到醫院時，得知自己雖然身受重傷卻能保住一命，此時才發現，原來只要活著就具有價值，就能與身邊的人聯繫在一起。

活在當下

透過本書的論述，可以知道想要擺脫不安，與他人的聯繫是不可或缺的。在面對疾病與死亡的時候，我們必須充實地活在「當下」。

「活在當下」的思考是斯多葛學派提出的，馬可・奧理略曾說：

「不管你能活三千年還是三萬年，都給我記好了，有數不清的人失去了生命以外的人生，也有數不清的人保有了人生卻失去了生命。」（《沉思錄》）

壽命的長短不是問題，不論是剛出生的孩子或是長壽的老人，每個人都只能活在「當下」。

「所以，最長壽的人與最短命的人，壽命其實是一樣的。」

「每個人都只能活在現在這個瞬間，除此之外，都無法確定生命是否已經到了盡頭。」（同前述作品）

生命是流動的，赫拉克利特[37]說：「人無法流入同一條河川兩次。」世間萬物都是流動的，不會在同一個地方停留第二次。過去「已經到達了終點」，所以不復存在，未來來臨前，誰都處於「無法確定的狀態」，所以人只能活在「現在這個瞬間」。

如果將未知的人生、看不見的前方比作摸黑前行，就會讓人害怕踏出下一步。但情況並不是這樣的，只要把重點放在「現在」，將目光轉向照射腳下的強光，就能看見人生不同的光景。過去不復見，未來不可見，人只能活在此時此刻。然而，生命的樣貌會讓人看不見前方。讓「今天」只為了今天而活，人生就會因為自己的選擇而改變。

這種生活方式並不是剎那主義。阿德勒認為：「人生所求何物？生而為人要不斷思考如何當一個給予者，為他人做些什麼。」（《性格心理學》）沒有「活在當下」的人生，就是與現實脫節的表現。

「給予」，換句話說就是「奉獻」。如同前述，你不需要特別做些什麼事，只要活著就能為他人帶來「貢獻」。就這點而言，人生的目標就是「給予」和「奉獻」，只要朝著這個目標前進，人生就不會迷失方向。

37. Ἡράκλειτος（前五四〇～前四八〇），古希臘哲學家，以弗所學派的創始人。

參考文獻

Adler, Alfred. Über den nervösen Charakter: Grundzüge einer vergleichenden Individualpsychologie und Psychotherapie, Vandenhoechk & Ruprecht, 1977.

Adler, Alfred. Superiority and Social Interest: A Collection of Later Writings. Edited by Heinz L. and Rowena R. Ansbacher. W. W. Norton, 1979.

Adler, Alfred. 'Das Todesproblem in der Neurose', Alfred Adler Psychotheraoie und Erziehung Band III, Frankfurt am Main: Fischer Taschenbuch Verlag, 1983.

Adler, Alfred. Adler Speaks: The Lectures of Alfred Adler, Stone, Mark and Drescher, Karen eds., iUniverse, Inc., 2004.

Antonius, Marcus Aurelius. Ad Se Ipsum Libri XII, Dalfen, Joachim. ed., BSSB B.G.T eubner Verlagengesellschaft, 1987.

Burnet, K. ed. Platonis Opera, 5 vols., Oxford University Press, 1899-1906.

Dinkmeyer et al., Adlerian Counseling and Psychotherapy, Merrill Publishing Company, 1979.

Ross, W.D. Aristotle's Metaphysics, Oxford University Press, 1948.

Manaster et al. eds., Alfred Adler: As We Remember Him, North American Society of Adlerian Psychology, 1977.

Sicher, Lydia. The Collected Works of Lydia Sicher: Adlerian Perspective, Davidson, Adele ed., QED Press, 1991.

Sontag, Susan. Illness as Metaphor and AIDS and Its Metaphors, Picador, 2001.

芥川龍之介『地獄変・偸盗』新潮社、一九六八年
アドラー『生きる意味を求めて』岸見一郎訳、アルテ、二〇〇八年
アドラー『人間知の心理学』岸見一郎訳、アルテ、二〇〇八年
アドラー『性格の心理学』岸見一郎訳、アルテ、二〇〇九年
アドラー『教育困難な子どもたち』岸見一郎訳、アルテ、二〇〇九年
アドラー『人生の意味の心理学（上）』岸見一郎訳、アルテ、二〇一〇年
アドラー『人生の意味の心理学（下）』岸見一郎訳、アルテ、二〇一〇年
アドラー『個人心理学講義』岸見一郎訳、アルテ、二〇一二年
アドラー『人はなぜ神経症になるのか』岸見一郎訳、アルテ、二〇一四年
アドラー『子どもの教育』岸見一郎訳、アルテ、二〇一四年
茨城のり子『茨木のり子集　言の葉1』筑摩書房、二〇一〇年
ウェーバー、マックス『仕事としての学問　仕事としての政治』野口雅弘訳、講談社、二〇一八年
ヴェーユ、シモーヌ『ギリシアの泉』冨原真弓訳、筑摩書房、一九八八年
内村鑑三『後世への最大遺物　デンマルク国の話』岩波書店、一九六七年
加藤周一『小さな花』かもがわ出版、二〇〇三年
神谷美恵子『神谷美恵子日記』KADOKAWA、二〇〇四年
岸見一郎『アドラー　人生を生き抜く心理学』二〇一〇年
岸見一郎『生きづらさからの脱却』筑摩書房、二〇一五年
岸見一郎『老いた親を愛せますか？』幻冬舎、二〇一五年
岸見一郎『三木清「人生論ノート」を読む』白澤社、二〇一六年
岸見一郎『希望について　続・三木清「人生論ノート」を読む』白澤社、二〇一七年

岸見一郎『幸福の哲学』講談社、二〇一七年
岸見一郎『愛とためらいの哲学』ＰＨＰ研究所、二〇一八年
岸見一郎『シリーズ世界の大思想　プラトン「ソクラテスの弁明」』KADOKAWA、二〇一八年
岸見一郎『マルクス・アウレリウス「自省録」』NHK出版、二〇一九年
岸見一郎『人生は苦である、でも死んではいけない』講談社、二〇二〇年
岸見一郎『老いる勇気』PHP研究所、二〇二〇年
岸見一郎『今ここを生きる勇気』ＮＨＫ出版、二〇二〇年
岸見一郎『老後に備えない生き方』KADOKAWA、二〇二〇年
岸見一郎『これからの哲学入門』幻冬舎、二〇二〇年
岸見一郎『数えない生き方』扶桑舎、二〇二一年
岸見一郎『アドラー　性格を変える心理学』二〇二一年
岸見一郎『三木清　人生論ノート』ＮＨＫ出版、二〇二一年
キケロ―『老年について』中務哲郎訳、岩波書店、二〇〇四年
キルケゴール、セーレン『不安の概念』村上恭一訳、平凡社、二〇一九年
クーリエ・ジャポン編『新しい世界』、二〇二一年
黒井千次『老いるということ』講談社、二〇〇六年
ジョルダーノ、パオロ『コロナ時代の僕ら』早川書房、二〇二〇年
城山三郎『無所属の時間で生きる』新潮社、二〇〇八年
田中美知太郎『時代と私』文藝春秋、一九八四年
ドストエフスキー『白痴（上）』木村浩訳、新潮社、一九七一年
パスカル『パンセ』前田陽一、由木康訳、中央公論社、一九七三年

林京子『祭りの場・ギヤマン ビードロ』講談社、一九八八年
林京子『長い時間をかけた人間の経験』講談社、二〇〇五年
プルタルコス『プルタルコス英雄伝（中）』村川賢太郎編、筑摩書房、一九六六年
ベルク、ヴァン・デン『病床の心理学』早坂泰二郎、上野矗訳、現代社、一九七五年
三木清『三木清全集』岩波書店、一九六六〜一九六八年
三木清『哲学入門』岩波書店、一九四〇年
三木清『人生論ノート』新潮社、一九五四年
三木清『パスカルにおける人間の研究』岩波書店、一九八〇年
三木清『哲学ノート』中央公論社、二〇一〇年
三木清『語られざる哲学』（三木清『人生論ノート』KADOKAWA、二〇一七年所収）
宮沢賢治『宮沢賢治詩集』天沢退二郎編、新潮社、一九九一年
森有正『流れのほとりにて』（『森有正全集1』筑摩書房、一九七八年所収）
森有正『砂漠に向かって』（『森有正全集2』筑摩書房、一九七八年所収）
安岡章太郎『死との対面』光文社、二〇一二年
柳田邦男『「死の医学」への序章』新潮社、一九八六年
ユルスナール、マルグリッド『東方綺譚』白水社、一九八四年
ラエルティオス、ディオゲネス『ギリシア哲学者列伝（中）』加来彰俊訳、岩波書店、一九八九年
龍應台『父を見送る』天野健太郎訳、白水社、二〇一五年
ロス、キューブラー『死ぬ瞬間』鈴木晶訳、中央公論新社、二〇〇一年
『聖書』新共同訳、日本聖書協会、一九八九年

國家圖書館出版品預行編目資料

不安的哲學 / 岸見一郎著；林函鼎譯--初版.--臺北市
：平安文化, 2022.9 面；公分. --(平安叢書;第734種)
(UPWARD;137)
譯自：不安の哲学
ISBN 978-626-7181-15-7 (平裝)

1.CST: 焦慮 2.CST: 情緒管理

176.527 111014352

平安叢書第0734種
UPWARD 137

不安的哲學

不安の哲学

作　　者—岸見一郎
譯　　者—林函鼎
發 行 人—平　雲
出版發行—平安文化有限公司
台北市敦化北路120巷50號
電話◎02-27168888
郵撥帳號◎18420815號
皇冠出版社(香港)有限公司
香港銅鑼灣道180號百樂商業中心
19字樓1903室
電話◎2529-1778　傳真◎2527-0904
總 編 輯—許婷婷
責任主編—平　靜
責任編輯—蔡維鋼
行銷企劃—薛晴方
美術設計—嚴昱琳
著作完成日期—2021年
初版一刷日期—2022年9月

讀者服務傳真專線◎02-27150507
電腦編號◎425137
ISBN◎978-626-7181-15-7
Printed in Taiwan
本書定價◎新台幣320元/港幣107元